1976年丁肇中被授予诺贝尔物理学奖

A BIOGRAPHY OF SAMUEL CHAO CHUNG TING

邹雄彬——著

丁肇中传

中国言实出版社

图书在版编目（CIP）数据

丁肇中传 / 邹雄彬著 . -- 北京：中国言实出版社，
2020.10

ISBN 978-7-5171-3510-4

Ⅰ . ①丁… Ⅱ . ①邹… Ⅲ . ①丁肇中 – 传记 Ⅳ .
① K837.126.11

中国版本图书馆 CIP 数据核字（2020）第 116237 号

责任编辑　王蕙子
责任校对　郭江妮

出版发行　中国言实出版社
　　　　　地　　址：北京市朝阳区北苑路 180 号加利大厦 5 号楼 105 室
　　　　　邮　　编：100101
　　　　　编辑部：北京市海淀区花园路 6 号院 B 座 6 层
　　　　　邮　　编：100088
　　　　　电　　话：64924853（总编室）　64924716（发行部）
　　　　　网　　址：www.zgyscbs.cn
　　　　　E-mail：zgyscbs@263.net
经　　销　新华书店
印　　刷　深圳市精彩印联合印务有限公司
版　　次　2022 年 1 月第 1 版　　2022 年 1 月第 1 次印刷
规　　格　710 毫米 ×1000 毫米　1/16　15.5 印张
字　　数　238 千字
定　　价　45.00 元　ISBN 978-7-5171-3510-4

目 录
CONTENTS

目录

丁肇中传

DING ZHAO ZHONG ZHUAN

第一章

书香之家

1

流浪的童年

1936年1月27日，一个阳光明媚的日子，在美国亚柏尔大学医院，刚刚获得儿童心理学硕士学位的王隽英女士生下一个头大、眼睛小的男婴，这个小男孩就是40年之后获得诺贝尔物理学奖的美籍华裔科学家丁肇中。

丁肇中是个早产儿，当时他的父亲丁观海和母亲王隽英正在美国进行学术访问，怀有身孕的王隽英途中突然早产，让丁肇中提早来到了人世。

两个月之后，丁肇中被母亲带回了国。当时，提早归国的丁观海已经在河南焦作工学院任教，于是，母亲带他来到河南焦作，一家三口团聚了。

远在山东省日照县的亲人听到丁观海生下一个儿子后十分高兴，希望能早一天看到丁家新添后代丁肇中。

1936年7月，丁观海带着妻儿回到故乡——日照县涛雒镇。乡亲们听说这个出生在异国他乡的孩子回来了，三三两两早早等在他们家门口，准备一睹他的"风采"。接下来的几天，小小的丁肇中沐浴在众人的宠爱中，特别是他的祖母，更是对这个在异国他乡出生的小孙子疼爱有加，总是亲自抱着他，不愿意让别人抱，生怕别人磕碰着他。

然而，这样的生活并没有持续太久，因为工作的原因，父母带着小肇中依依不舍地离开了故乡和亲人，来到美丽的海滨城市——青岛，住进了齐东路4号，虽然生活不是特别宽裕，一家人过得却很开心。青岛离日照不远，丁观海夫妇会隔三岔五地带小丁肇中回祖母那里度过一段段美好的时光。

日复一日，时间不停歇，小肇中在父母和奶奶的关怀下，健康、快乐地成长着。从第一次笑到咿呀学语，都让疼爱他的亲人们欣喜不已。

1937年，震惊中外的"七七"事变爆发，华北各地相继沦陷。正是在这年的7月，丁观海夫妇带着不满两周岁的丁肇中再一次回到家乡日照县涛雒镇。时局动荡，日照县也很快陷入了战火之中，百姓南逃，流离失所。为了保命，丁肇中的父亲决定带一家人投靠一个住在南京的亲友。于是他们和其他南逃的难民一样，开始了颠沛流离的逃难生活，直到是年8月12日才辗转到达南京。此时，丁肇中的母亲怀着第二胎。谁也没有想到，就在他们到达南京的第二天，日军开始侵犯上海，并且派飞机对南京进行狂轰滥炸。当时的蒋政府为了躲避轰炸，急忙商议将政府西迁重庆。南京城陷入一片恐慌。看到这样的情景，丁观海当机立断决定离开南京。不久，小肇中随父母到了安徽芜湖，在安徽芜湖的鸡山医院，王隽英生下了丁肇中的弟弟丁肇华。

1937年11月12日，上海失守。次月中旬，南京沦陷，疯狂的日军在南京实行了长达6个星期的血腥大屠杀，这一暴行震惊了全世界。丁观海夫妇在震惊痛恨之余非常思念故乡的老母亲，在丁肇华满月之后，丁家四口渡江北上，冒着战乱风险，历尽辛苦，于1937年年底回到山东日照老家。

1938年年初，日军占领青岛，随即又南侵西进，直逼丁肇中的老家日照县，迫于无奈，丁观海夫妇决定外出避难谋生。丁肇中的祖母是位恋家的老人，故土难离，然而，为了儿孙们的安全，她强忍着别离的心痛，一次又一次催促他们上路。

4月，丁观海夫妇碰到一批热血青年出外参加抗日军队，夫妇二人亦带着两个孩子及母亲再一次离开家乡涛雒镇，出山东，经海州，最后抵达汉口。扶老携幼，历尽艰辛，整个行程耗时3个多月。

在汉口丁观海恰巧碰到二妹丁侃，时局不稳，兄妹相见，除了倍感亲切也分外心酸。丁观海了解到丁侃在抗日学生救亡团工作，并且得知山东大学和山东医学院都已迁至四川万县，他们便立即乘船离开汉口，赶到万县。

从此，丁观海在万县的山东大学任教，暂时在乱世中寻到了一处栖身之地。

丁观海在山东大学工作到当年12月，后来又联系到重庆大学的工作，在重庆大学安顿好以后，1939年春天，丁观海把一家人接到重庆，居住在位于郊区沙坪坝的教工宿舍。不久王隽英受聘于西南教育学院，全家随即搬到磁器口西南教育学院宿舍居住。在那里住下不久，王隽英生下第三个孩子——女儿丁肇民。

从第一次离开故乡到现在，年幼的丁肇中没有过过多少安稳的日子，躲避战乱，时常搬家，车马劳顿似乎成了童年生活中最重要的一部分。即便他随父母来到国民政府所在的重庆，当时的重庆也不是太平之地，住宿困难、物价飞涨、打砸抢偷，每天都能见到饿死或者因为生活所迫而轻生的难民，惨状触目惊心，整个城市处于不安定的氛围中。

幸运的是，因为丁观海夫妇在学术界的声望，加之周围人的一系列帮助，丁肇中一家人基本生活还能得到保障。

在四川的时候，丁观海先后受重庆大学和复旦大学聘任，在两所大学任课，忙得团团转，难以顾家。王隽英从1941年起，开始在四川教育学院任教。丁肇中兄妹三人则由外祖母照料。

在迁徙与不安中丁肇中长到7岁，到了上小学的年龄。在父亲的安排下，丁肇中进入重庆的一家小学就读。当时的重庆战云弥漫、空袭不断，他的学习也因此受到很大的影响。第一天上学，上第一堂课的时候，空袭的警报就拉响了，学校为了安全起见，宣布放假一天，当天的学习不了了之。学习时断时续，一个月仅能上十几天的课，时局不稳，无奈之下，丁肇中不得不离开学校，待在家里。

父母都是高级知识分子，对丁肇中的学习十分关注，见丁肇中天天待在家里无所事事都很着急，两人商量之后，决定自己教孩子。他们白天在大学里教书，让丁肇中在家复习功课、做作业；晚上回家后，检查与批改他的作业，然后教他新的功课，如此周而复始。

学习上，丁肇中从小就表现得非常聪明，尽管父母给他的课业任务非常重，可是他都能轻松应对，还表现得游刃有余，闲暇时间就画画或者用黏土捏各种各样的玩具摆龙门阵取乐。

丁肇中的母亲王隽英是儿童心理学教授，很善于在把握孩子心理的同时，将知识轻松地传授给丁肇中。与父亲的教育方式相比，丁肇中更喜欢母亲的教育方法，他小学的知识多半是由母亲教授的。

虽然母亲教给丁肇中知识，但是从来不鼓励他考满分，因为她明白试卷上的100分对于一个孩子来说并不是最重要的，而保持孩子学习的兴趣、培养他对未知世界的探索精神才是关键。母亲曾经告诉丁肇中，只要按照自己的兴趣去发展，尽力而为，无论他取得什么样的分数都能得到自己的支持和赞赏。这一点对丁肇中以后的学习和研究有着重要作用。从某一方面来说，丁肇中后来的成功其实也是王隽英教育理念的成功。

1945年8月15日，日本宣布无条件投降，国民政府迁回南京。9岁的丁肇中也跟随父母回到南京。为了陪伴移居青岛的祖母，父亲去了国民政府救济总署鲁青分署工作，他把丁肇中也带在身边。母亲王隽英则留在南京工作。

漂泊6年之久的丁家祖孙三代终于在青岛团聚。丁肇中进了一家天主教会办的小学继续读书，家务活则由祖母和外祖母操持。丁肇中在青岛度过了将近两年的美好时光。

1947年下半年，母亲把丁肇中接到南京，送到自己教书的大学附小念书。

1948年春，内战愈演愈烈，丁观海察觉到形势紧张，重返南京。同年冬天，应台湾省立工学院（成功大学前身）的聘请，丁观海先行去了台湾。随后，王隽英和母亲带着3个孩子也抵达台湾。时年，丁肇中年仅12岁。

王隽英为了不耽误儿子的学业，领着丁肇中到丰原中学报考初中。当时的丁肇中，名义上已经毕业，但由于小学阶段是在流浪和迁移中度过的，实际上学到的知识并不多。

丁观海夫妇决定让丁肇中在大同小学留级，重读高小六年级。重读期间，父亲忙于学校的事情，没有时间教育他，母亲也只能每天挤出一点时间指点他学习。在绝大多数时间都没人帮助的情况下，丁肇中为了把因为战争耽误的功课补上，自觉舍弃了作为一个孩子应该享受的玩乐时间，把所有时间都花费在学习上。有时，父母见他学习太刻苦，劝他出去玩会儿，丁肇中却一本正经地说："时间，是最浪费不起的！"一句话说得父母乐半天，想不到他小小年纪就有这样的认知。

12岁的丁肇中已经明白自己到底要成为一个什么样的人。终其一生他都牢记母亲的告诫："不管做什么，一定要努力奋斗，要成为一个佼佼者。"

② 建国中学

1949年春，丁肇中因母亲工作变动的缘故开始到台北生活，居住在当时台湾省公务局的一间隔间宿舍里。同年秋，丁肇中以优异的成绩考入台北市成功中学。从开始系统学习到考入台北市成功中学，在这不足一年的时间里，丁肇中几乎学遍了小学所有课程，足见其努力。

1949年9月，少年丁肇中穿着崭新的校服、背着崭新的书包满怀激情地跨入台北市最好的中学——成功中学，开始崭新的中学生活。

丁肇中的国语和英语，在小学阶段没有打好基础，进入成功中学后，为了改变这两门功课的状况，他发愤学习，才逐渐赶了上来。所有课程中丁肇中最喜欢历史，他像条欢快的小鱼畅游在祖国悠久的文明历史中。通过学习历史，丁肇中明白中国并不是一个一直以来就贫穷落后、任人宰割的国家，在清乾隆以前，中国是世界的中心，是世界上最繁华的国度。

除了历史，丁肇中尤其喜欢数理化这三门课程。随着年龄的增长和眼界的开阔，自然科学对他的影响越来越大。他喜欢探索未知世界，每每遇到疑难问题，不弄个水落石出，决不罢休。

1950年春，丁观海从原先工作的台湾省立工学院转到台北市台湾大学任土木工程系教授。父母为了让丁肇中可以更好的学习，特意挑了一间明亮的大房间作为他的书房兼卧室。同年秋，丁肇中通过考试转学到建国中学初二甲班，报到的第一天，他就被学校的横幅吸引住了，上面写着：

古之成大事者，不惟有超世之才，亦必有坚忍不拔之志。

这是苏东坡在《晁错论》里的一句话，校长把这句话摘录出来就是想以此勉励学生。丁肇中看到这条横幅的时候，就暗下决心，一定要向这位大诗人学习，把校长的勉励当成自己以后学习和工作的座右铭。

建国中学是当时台北市的一流中学，对学生的学习要求很严，老师也都有丰富的教学经验。在这里，丁肇中感受到知识海洋的浩瀚，强烈地激发了他的求知欲。虽然好学上进，丁肇中却再也不是只知道学习的"书呆子"了。他已经明白学习固然要努力，但不能只为了成绩而努力，还需懂得劳逸结合。勤奋，但不死拼；刻苦，而不呆板，才是一个读书人该有的好习惯。

学习既需要刻苦努力，又需要有良好的读书习惯。一个人如果有好的读书习惯，必定能事半功倍。正是因为这两方面的结合，丁肇中的学习能力得以提高。也正是这个时候开始，丁肇中找到了自己的学习方法。他善于把书中的知识归纳分类，举一反三，从中找出规律，继而踏踏实实地向着深处钻研，一步一个脚印。他的这种刻苦钻研精神得到老师的一致好评，教他数学的老师曾赞赏丁肇中是一个学得活、后劲足，"问题的难度越大，他的钻劲也越大"的学生。

正是由于丁肇中善于思考、钻研，所以他对事物的了解要比一般的学生更多也更深，特别是自然科学这门课程，他愈是喜欢就愈是钻研，愈是钻研遇到的问题也就愈多。在课堂上，他总是会问老师各种问题。他所提的问题都是经过自己多次思考，认为确实没有能力解答才提问的，老师们也不敢等闲视之，有些问题连老师都很难解答。

成名以后，丁肇中在接受大学生采访时曾说："我主张，作为优秀生，思想要灵活一点，要大胆地寻求问题、提出问题，始终保持旺盛的竞争状态。我很欣赏那些无论有多少人反对，都敢站出来说明自己观点的人，要想超过别人，先要自己长进。"

在课堂上丁肇中还有一个特点，那就是不轻易回答问题。他觉得很多问题没有经过深思熟虑，就不能轻易下结论。他的这个特点和他母亲对工作一丝不苟的性格一脉相承。

丁肇中与其他同学格格不入的形象引来了同学和老师们的议论，老师们曾指着他的背影称赞道，"这个学生有一股钻劲，他做学问的功夫理得深"。在课后或自学期间，丁肇中经常与同学进行探讨和论证，每每都要辩得清清楚楚才肯罢休，有时甚至为了一个问题和老师争论得面红耳赤。

　　因为钻研和努力，丁肇中成了同学眼里的数学权威。可是他从来没有因此而骄傲，也没有因此而看不起任何同学。在学业上的钻研让他不断感到自己知识的贫乏，也大大刺激着他的求知欲。当时，他是同学中知识面最广的，脑子里仿佛有一片知识的海洋，同学们都喜欢接近他，愿意跟他一块儿探讨学习问题，加上他态度随和，同学们都亲切地叫他"丁大头"，佩服他脑海里蕴藏着许多智慧。

　　高中时期，为了应付考试不少同学都成了书呆子，丁肇中还是坚持自己的读书习惯和学习方法，依旧像初中时一样劳逸结合地学习。学习之余，他积极地参加体育活动，这不仅能丰富他的生活，驱除学习上的压力，同时也能提高他的身体素质。每当大脑得到休息，精神旺盛时，他便又开始钻入到学习中去。他常说的一句话就是，"最浪费不起的是时间"。

　　学生时代的丁肇中从不吝啬休息，可是也绝不会浪费时间，虽然他不希望自己成为学习上废寝忘食的书呆子，但是充分利用时间无疑是其成功的秘诀之一。

　　当他的同伴把时间花费在一些无聊的事情上时，他却端坐在图书馆或者房间解析、思考着某一问题。在学校的每一次考试中，他的成绩在班级中总是遥遥领先。谁能说不是因为中学基础打得扎实，他才能在后来的研究中取得大的成就呢？所以，中学时代的学习经历对丁肇中的一生影响很大。

❸／

精神导师

丁肇中曾经说过："在我所熟悉的众多的科学家中，我最仰慕的是法拉第。"

20世纪50年代，父亲丁观海有次下班回家，送给他一本关于法拉第的书，丁肇中认真读完了书，在日记中写道：

法拉第喜欢独立思考，对书本结论，哪怕是著名权威的话，他也决不轻信。只要条件允许，他总要设法亲自检验一番。法拉第很喜欢实验，他的零花钱几乎全省下来购买实验用品。钱不够就想其他办法，有时候连饭桌上的食盐也被他拿去做实验了。今后，我也要像法拉第一样，尊重事实，不迷信权威。

法拉第是一位伟大的科学家，他对前人所作的结论，始终抱着一种怀疑的态度，无论这个结论是谁下的，法拉第都会首先怀疑这个结论的正确性，只有通过自己的实验证实了这个结论的正确性之后才会相信。这一点给丁肇中一个很大的启发：凡事都只能相信自己的眼睛，别人的理论说不定就是谬误。如果对别人的理论深信不疑，那么自己一不小心就会钻进死胡同。科研是件严谨的事情，没有新的发现还是好的，如果在错误的理论上进行推演，那就太可怕了。

与此同时，丁肇中还从法拉第的生平事迹中吸收了不少营养——勤劳、爱动脑、自强、勇于实践等，这些品质都在丁肇中后来的科学研究中发挥了很大的作用。

那么法拉第是一个怎么样的人？他身上有什么样的品质让丁肇中立志要做第二个法拉第呢？为了让读者有一个完整的印象，还是要花点笔墨来介绍一下法拉第。

像很多穷人家的孩子一样，法拉第从小过着贫穷清苦的生活，也比较早熟。13岁时，由于家庭经济越来越困难，法拉第不得不辍学去一家装订印刷作坊当徒工。法拉第手脚勤快、聪明伶俐，还很注意学习，因此很快就学会了书籍装订的手艺，而且装订得又快又好，这样，他就可以抽出时间看那些装订好的书了。

法拉第慢慢觉得学习越来越有意思。他读了很多书，像莎士比亚的《哈姆雷特》《李尔王》，还有《一千零一夜》，都让他大饱眼福。不过，最吸引法拉第的是《大英百科全书》中讲的那些电的现象和《化学漫谈》中讲的那些化学实验。法拉第被迷住了。

拿一根玻璃棒在丝绸上摩擦几下，玻璃棒就能吸引纸屑，这就是电。这个他知道，他在别的书上看到过也自己实验过。可是《大英百科全书》上说，可以把这些细微的电一点一滴地贮存起来，贮存多了可以"啪"的一下放出一个火花，像天上的雷鸣、闪电一样。自己在家里就可以制造出雷声和闪电，这对法拉第来说真是太有趣了！

法拉第经常在外面捡些旧瓶子之类的物件用于实验。他把书上提到的实验都重做了一遍，亲眼看到那些神奇的现象发生在自己眼前。科学引起法拉第浓厚的兴趣，各种实验的实际操作培养了他极强的动手能力，这些都为他以后从事科学研究打下了初步的基础。

照搬书本做实验已经不能使法拉第满足。几年来，他的知识丰富了许多，对电力的浓厚兴趣，使他搜集了所有能找到的关于电气的论述，并进行了一定程度的分析和研究。法拉第期待接触更多更新的科学知识，20岁那一年，强烈的求知欲使他将目光投向了英国皇家学会的科学演讲报告会。

富丽堂皇的皇家学会阶梯大厅座无虚席，法拉第安静地坐在第7排中间的一个位置上。他穿着破旧，薄呢大衣早已磨得露出内衬，和满厅装扮考究的听众相比，他的寒酸显得格格不入。

马蹄形的大讲台旁，站着一个俊朗的中年人，他就是戴维教授，当时英国科学界的巨子。戴维教授23岁时被任命为皇家学会化学教授，25岁当选为皇家学会会员，27岁获得英国皇家学会的最高荣誉——柯普莱奖，成为皇家学会的灵魂，33岁时他已经赢得了崇高的国际声誉。他对氯气的研究，以及对钠和钾的发现，给全世界科研界带来了巨大的惊喜。

　　毫无意外，法拉第被戴维教授的学识迷住了，激动得有些发抖的手握着笔飞快地记录着每一句话。周围的人很不理解他的认真，睥睨地看着他。

　　法拉第连续听了4次戴维教授的讲演，戴维教授的讲演开拓了法拉第的视野。出于对科学和大科学家的虔诚，法拉第认真地把戴维教授的4次讲演记录整理好，配上精致的插图装订成册，书脊上用烫金字写着"亨・戴维爵士讲演录"。

　　不久，法拉第学徒期满，出于对科学的向往，他鼓起勇气给担任皇家学会会长的约瑟夫・班克斯爵士写了一封求职信，表示愿意到皇家学会工作，不管干什么都行，只要是为科学服务，他就感到满足。然而，他只得到班克斯爵士一个仆人的一句话："不予回复！"

　　面对打击，法拉第没有泄气，他又给戴维教授写了一封信，恳切地表达了自己的愿望和追求，他把信和自己整理、装订的戴维教授讲演录，一起送到了皇家学会。

　　戴维教授觉得很奇怪，自己从来没有出版过任何讲演录，哪来的这本书呢？难道是欧洲大陆其他国家抢在英国前面，出版了他的讲演录？看完信才知道，原来这是一个叫法拉第的小伙子整理的，他的信就像这本书一样清晰明了。戴维教授被感动了，从法拉第身上，戴维教授看到了自己的前尘往事——敢于向命运挑战，勇于追求科学。

　　法拉第因此成为戴维教授的助手，开始踏入科学的殿堂。

　　进入科学的大门之后，法拉第更加努力工作，经过重重磨炼，他终于取得了自己的成就，成为世界著名的物理学家和化学家。他于1831年发现电磁感应定律，1833—1834年发现电解定律；他反对"超距作用"观点，第一个提出"电场"和"磁场"的概念，发现磁致旋光效应；他还发现两种新的氯化碳，用实验方法研究气体扩散和若干气体的液化，并研究合金钢的各种性质，创造了许多光学玻璃新品种。

　　法拉第一生不求名利，心中只有"科学"二字。法拉第收入微薄，一直过着清贫的生活。当他在物理学、化学上取得一些非凡成就时，英国科学院曾以高薪聘请他做化学学会的联络工作，开始一年内可得5000英镑，而随后一年可以得到25000英镑，但被法拉第谢绝了。后来，伦敦大学聘请他当化学教授，英国皇家学会选他当会长……所有这些有名有利的工作，法拉第都没有兴趣，只是潜心于他的科学研究工作。直至晚年，法拉第仍过着简朴的生活。

法拉第对科学的执着追求，不为名不逐利专心学术的精神，为后来一些献身科学的青年树立了楷模。"拼命去争取成功，但不要期望一定会成功。"这一座右铭陪伴了他终身。

法拉第的科学精神，鼓舞着丁肇中为科学而奋斗。在丁肇中更加深入地了解法拉第之后，他心中突然有了一个非常强烈的想法：我要当法拉第第二！

榜样的力量是无穷的。每当丁肇中在学习或者实验中感到筋疲力尽、一无所获时，他都会在法拉第身上得到鼓舞，丁肇中似乎看到了法拉第拖着疲惫的身体在工作，拖着疲惫的身体在读书，瘦小的身体和面前摆放的高高的书堆形成鲜明的对比。每当这时候丁肇中就会觉得有一股暖流流过身体，他鼓励自己，要振奋精神，更加努力地拼搏奋斗。

除了对科学的虔诚，丁肇中还在法拉第的身上学到了热爱思考。习惯思考使他的脑袋成了一个"过滤器"，他从不轻易放过任何问题，如果哪个问题弄不明白，他就会一直不停地思索，穷尽一切方法，直到想明白为止。和法拉第一样，丁肇中不间断的思考为他以后的科学研究提供了一个非常好的习惯。

这就是科研精神的传递，是一个大师对另一个大师的影响。

20世纪90年代，丁肇中在与朋友一起聊天的时候，还提及父亲送给自己的关于法拉第的书。他不无感慨地说："这些书对我产生了非常深刻的影响。"

丁肇中常说："无论在成就、人品以及背景上，法拉第都可称得上是一位伟大人物。"他也曾告诫青年科学工作者说："我建议搞物理、化学的青年，看一看法拉第、达尔文的传记，包括我知道的其他著名科学家，没有一个人不是把全部精力花在科学上的，真是不计成败，全力以赴。"

4

第一次失败

在精神导师与良好学习方法的指引下，丁肇中的学习成绩一路飞升，朝着理想高歌猛进。

几年的中学生活，丁肇中积累了丰富的文化知识，保持着对科学的热爱。毕业在即，按照惯例，同学们都会在彼此的留言本上留言，丁肇中也不例外。他的毕业纪念册上，也清晰留下了同学的祝福和鼓励，话语虽然稚嫩俏皮，其中蕴含的友情和鼓励之情却令人难以忘怀。

周志廉同学写道："喂，丁大头，你的头确实够大，蕴藏的智慧真多，好好利用吧！"

另外一个同学写道："我还是叫你丁大头比较习惯，每当看到你那稀有的大头，不禁让我想到：怪不得你是数理方面的权威，因为大头里面蕴藏着许多智慧。但是不加以利用，那也就等于零，所以希望你能努力研究，发现宇宙间从未被发现过的东西。"

年轻的"丁大头"在同学们眼中，日后就是一个伟大的科学家，必定能为这个世界带来意想不到的发现。这些留言，不仅是同学们对他的期待和鼓励，更是对他日后成就的一种鞭策。

鞭策丁肇中的不仅仅是这两位同学，还有很多同学。其中郝有礼同学在毕业纪念册上写道："你的理科可以说是班上无敌手，我希望你集中全力向理科进攻，发明几个丁氏定理！"

"发明几个丁氏定理！"一句简简单单的话语，不知道包含了同学多少的期许。看着这些沉甸甸的祝福和鼓励，丁肇中暗暗下定决心：向数学和物理进攻，发明几个丁氏定理！

分别仪式结束后，丁肇中与同学们一起参加毕业考试。他轻松自如地答着试卷，数学、物理、化学……一科科完成考试。成绩很快出来，除了国语成绩稍稍落后，丁肇中其他各门功课的成绩都非常不错，特别是理科成绩：数学100分、化学100分、物理97分……

建国中学有关部门看了丁肇中的成绩后，非常满意，鉴于他平时的优秀表现，决定保送他去上大学。

同学们听到这个消息都很为丁肇中高兴，丁肇中自己却没有想象中的兴奋。保送台湾省立工学院虽然也很好，但是丁肇中理想中的大学是台湾大学，理想和现实的落差不能不让他失落。思索以后，他斩钉截铁地对老师说："我不要保送，我要参加联考！"

在当时，保送上大学是一件非常光荣的事情，即便是现在，也是凤毛麟角的，不仅能"光耀门楣"，而且也是学校对学生的最大肯定。丁肇中却不走寻常路，毅然决然地放弃了这条"康庄大道"，决定参加联考，凭实力考取自己梦想中的台湾大学。

当时，很多同学都对丁肇中的这种做法感到不理解，然而同学多年，他们知道丁肇中不是一个冲动的人，恰恰相反他只要下定决心，就绝不会轻易改变，并且他们也相信丁肇中的实力，凭其实力考上台湾大学应该是没问题的。最终丁肇中的老师、同学都全力支持他参加联考，向考取台湾大学努力。

随后，丁肇中向父母禀明了自己的决定：放弃保送，参加联考。从丁肇中很小的时候起，丁观海夫妇就养成了一个习惯：只要是丁肇中自己做出的决定，他们都不会多加干涉。为了避免丁肇中是因为一时冲动而做出的这一决定，丁观海问了他一个问题："你觉得自己有能力考上台湾大学吗？"

丁肇中立刻回答父亲说："我相信自己考得上台湾大学，凭我的实际能力，完全可以考个'状元'回来。"

丁观海听了儿子的回答，满意地笑了。在丁观海的心目中，丁肇中早已不是小孩，如果没有十足的把握，儿子不会这么回答，他的答案表明他对目标志在必得。毫无意外，丁肇中的决定得到了父母的理解和支持。雄心勃勃的他终于沉下心来，孤注一掷的开始认真复习，准备迎考。

后来丁观海回忆说："肇中虽然被保送了，但可能他遗传了他母亲的天赋和个性，他对保送的兴趣不大，他要参加联考，希望考个'状元'。"

下定决心的丁肇中重新扎进书堆，那段时间，他仿佛变了一个人，每天都躲在书房学习，即使是同学来找他，他也只是三言两语应付了事。丁观海夫妇怕丁肇中过于努力而把身体搞垮，时常劝他出去玩，丁肇中却再三强调："时间是最浪费不起的，我现在已经有了自己的学习方法，请放心，我不会死读书的！"

丁肇中的回答让丁观海夫妇十分欣慰，在他们眼中，丁肇中不仅懂事，而且非常有志气，将来一定能成就一番大事业。自此，王隽英经常在丁观海面前夸奖丁肇中，丁观海却非常冷静，他把王隽英的夸奖理解为母亲爱儿子的本能，并没有太在意，更没有在丁肇中面前表现出特别赞赏的情绪，也从来不过分褒奖他。

时间就这么平平淡淡地过去了，很快联考的时间到了，为了实现自己的愿望，考场上的丁肇中精力集中，一丝不苟，不厌其烦地将考题看了一遍又一遍，将答题结果核对了一遍又一遍……考试结束后，丁观海夫妇发现，丁肇中在这段时间足足瘦了一圈。

联考成绩很快出来了，丁肇中的文科成绩并不理想，拉了后腿，"拼命三郎"丁肇中并没有如愿实现自己的"状元梦"，也没能考上梦想中的台湾大学。一切已成定局，联考揭榜的那一天，丁肇中只收到一封来自台湾省立工学院的录取通知书，拿到通知书的那一刻，他几乎要窒息了，心里一直在想，为什么老天要这样和我作对？为什么自己这么努力还没能实现理想？要怎么面对信任自己的家人、老师和同学？

一连几个"为什么"让丁肇中彻底失去了信心，所有的梦想几乎都在接到通知书的那一刻破灭，锦绣前程没有了，后退之路没有了，命运仿佛同他开了个玩笑，兜兜转转又回到起点，丁肇中还是只能去台湾省立工学院，所有的努力化作了乌有！

丁肇中痛苦、失望极了。丁观海夫妇看在眼里，疼在心里。他们知道这次打击对儿子而言是前所未有的，是他从出生到现在所遭受的最大打击。整个中学时代，丁肇中都是学校的尖子生，受老师的优待、同学的尊敬。可是，这次他却在最关键的时候遭遇了滑铁卢。这个失败说明了一个事实：丁肇中在抗压方面还太薄弱！丁观海夫妇明白，如果不把握这次机会，让他明白如何面对挫折，在以后的工作中他肯定难有寸进。因此丁观海夫妇决定借此机会对丁肇中进行"挫折"教育，让他明白世上很多事情都不是一蹴而就的，有时候经历风雨才能见到彩虹。

晚上吃饭的时候，丁肇中还是一副无精打采的样子，丁观海抓住机会对丁肇中说："联考的失误，并不意味着前途就再也没有希望了，你现在的关键并不是从中得到痛苦，而是应该从中找到经验教训，在下一次的考试中不要吃同样的亏。"

丁肇中若有所思地点了点头。王隽英接着说："这么一点小小的挫折算得了什么呢？你不是还可以到台湾省立工学院念书吗？与其在家待着还不如去看看呢！"

这时，丁肇中开始明白父母的良苦用心，也开始明白联考并不意味着一切，只要自己肯努力，还是可以有作为的。

丁观海接着说："人生总是会经历这样、那样的挫折，在经历挫折的时候，就要从中吸取一点教训，以后衡量自己的时候就会更加谨慎，遇事会比以前更加有计划，要反复估计后才做出决定。"

事后，丁观海还给丁肇中出了一个主意：只要你在校的成绩很好，将来还可以通过考试从台湾省立工学院转到台湾大学念书。

丁肇中接受了父母的安慰，也接受了父亲的主意，心情开始慢慢变得开朗起来。

丁观海后来在回忆这件事情时说："肇中当时很沮丧，我和隽英都竭力安慰他，说没有关系，事在人为，总有一天会出头的。"

第二章

DAXUESHENGYA

大学生涯

① 台湾省立工学院

开学的日期很快就到了，1955年9月，新生报到的前一天，丁肇中告别家人，只身一人前往台湾省立工学院报到注册，成为土木工程系的一名新生，开始了自己的大学生活。

台湾省立工学院，是现在台湾成功大学的前身，始创于1931年，校址位于台南市小东门外后甲，面积18.3公顷，原名为"台南高等工业学校"。1942年，更名为"台南工业专门学校"。1946年3月，再次更名为"台湾省立台南工业专科学校"，同年10月，升为台湾省立工学院，设有机械工程、电机工程、化学工程、电气化学、土木工程、建筑工程等6个系。丁肇中选了其中的土木工程系。

大学生活开始了，作为一名大一新生，课业不是太紧张，加上丁肇中有自己独特的学习方法，大一生活对他来说基本是自学时间多于上课时间。利用充足的课余时间，丁肇中开始阅读各种书籍。由于对物理学有浓厚的兴趣，渴望了解物理学家的生平事迹，他阅读了大量物理学家的传记，牛顿、居里夫人、爱因斯坦、伽利略、麦克斯韦……他被这些科学家的伟大成就和献身科学的精神感动了。他们的科学思想、科学方法深刻地启发了丁肇中。

他在这些科学家身上学会了如何思考问题，弄懂了面对歧路如何做出选择等人生哲学问题。

一个学年很快过去了，每次期末考试，丁肇中的成绩都非常优秀，尤其数学和物理更是名列前茅。上学期的期末考试微积分是89分，物理是93分；下学期的考试，物理为91分，微积分则提升为95分。相较之下，丁肇中的专业课工程制图的成绩却要落后不少，每每在及格线上徘徊。

土木工程是丁肇中的既定专业，毕业获得文凭对他来说也不是什么难事。然而丁肇中心里，还是更喜欢物理，两次期末考试的成绩也可以看出：物理是丁肇中的强项。丁肇中开始思考未来的路如何选择，犹豫是继续容易平坦的土木工程专业，还是搏一把转去台湾大学物理系？

最终，丁肇中从自己钦佩的科学家的生平事迹中得出了一个道理：选择自己最擅长的、做自己最喜欢的才是出路！

丁肇中心里的较量已见分晓：他要转学到台湾大学物理系，念自己最喜欢的物理专业。

1956年夏天，丁肇中带着在台湾省立工学院一年的收获回到了父母的身边，暑假生活开始了。和别的学生不一样，丁肇中并没有选择去旅游或者是走访同学，而是留在家里，一心想着转学、转专业的事情。他在思考应不应该向父母提出自己的想法，这个想法会不会得到父母的理解和支持，万一得不到父母的支持又该怎么办，等等。虽然他知道父母对他的想法很尊重，可是关系到自己前途的事情，父母能让自己做主吗？丁肇中的心里有些忐忑。

一天晚饭后，丁观海夫妇在客厅休息、闲聊，丁肇中终于鼓足勇气，趁机说出了自己的想法，他说："爸爸，我想转到台湾大学物理系去学习！"丁观海听了儿子的话，怔了一下，随即肃然询问道："你对物理很有兴趣？"

丁肇中明白父亲对这件事情的忧虑，没有立即回答，只是看着父亲认真地点头，表明自己的决心。随后，丁肇中向父亲缓慢说明自己的计划和理想："台湾大学物理系是全省最好的，我准备申请转学考试，毕业后再到美国去深造。"

丁观海垂头沉默，认真思考儿子所说的话，他现在的专业是基础科学与工程科学，自己在技术科学领域耕耘大半辈子，理论科学和技术科学的价值与特点自己最清楚：技术科学实用性强，若有坚持不懈的毅力都能达到一定的水平；而基础理论科学，如物理学，除了必须具备坚忍不拔的毅力外，却还需要一定的天赋。过去学习物理学专业的人转专业比例很高，不是不能坚持，都是或多或少缺了点灵犀一闪的天赋灵感！因此，物理学入门难，深化更难。如果在物理学领域中不能成为佼佼者，以后找工作都不容易。

考虑到这些，丁观海告诫丁肇中说："学工程好坏都能干出一点名堂，学物理却唯有天才才成。"丁观海想要告诉丁肇中的是，他所选择的将是一条异常艰辛的道路，不仅需要持之以恒的坚持，更需要百折不改初心的热爱。哪怕这两点都有，也不一定能够收获卓越的成果。初涉科学王国的丁肇中当时并不能理解父亲话语中的深刻涵义，为了理想他带着破釜沉舟的决心。

知子莫若父，看丁肇中决心已定，再为难他已没有必要，丁观海非常了解自己这个儿子，他数理基础扎实，且有一股不达目的誓不罢休的倔强劲。虽然心里已有打算，为了慎重起见，他还是向儿子提出一个问题："你认为你有能力跻身于物理学界吗？"

"只要我埋头苦干，我想我会的！"丁肇中根据自己平时对物理的热爱和一年来在大学学习物理的体验，对父亲的问题做出了肯定的回答。

丁观海对儿子坚毅的精神和自信的回答都感到满意，心中暗喜，觉得丁肇中这一年大学没白上，他比以前更果断，也更成熟了。于是，他爽快地同意了丁肇中的想法，说道："那你就抓紧时间，准备转学考试吧。"

丁肇中得到父亲的支持后，转而笑眯眯地看着坐在一旁的母亲，问道："妈妈，您赞成吗？"王隽英并不像丈夫那样回答问题。作为一名教育学方面的专家，她对儿子的问题回答得更具哲理性。她说："我当然赞成。不过，你要记住一点，不管你学哪一行，你一定要成为那一行里的佼佼者。"

从父母那里获得了支持和力量，丁肇中高兴得简直要跳起来："我会的，我会的！"丁肇中边笑边对母亲说道。

于是，丁肇中又开始投入到紧张的复习备考中，准备挑战台湾大学物理系的转学考试，正是这不起眼的一个晚上的一场简单对话，奠定了几十年之后物理学上的又一个辉煌。

② 幸遇布朗教授

夏日炎炎，窗外的知了"吱吱"叫着。当丁肇中正在紧张地准备转学考试的时候，一个很大的机遇悄悄降临了。那天，他正像往常一样把自己关在房间读书，突然，父亲进门，叫他出来和一位美国的教授见面。

这位教授就是布朗教授，是丁观海20年前在密歇根大学的同学、好友，现在是美国密歇根大学工学院院长。这次布朗教授来台湾访问，顺便拜访老朋友丁观海和他的夫人王隽英。

在一片热烈的气氛中，丁肇中经父母的介绍和布朗教授见了面，闲聊了几句，因为布朗教授用英文与丁观海夫妇交流，丁肇中听得磕磕绊绊，说得也结结巴巴。很快，他就找了一个借口回到了自己的房间，继续看书。

虽然丁肇中此次和布朗教授见面的时间不长，可是丁肇中那魁梧的身材、聪明伶俐的模样，还是给布朗教授留下了清晰的印象。

在简短的重逢的喜悦和寒暄中，丁观海夫妇说起了自己的儿子丁肇中的情况，他们对布朗教授说："布朗教授，我儿子丁肇中已念大学一年级，很想去美国的大学深造，看在老朋友、老同学的份上您可否帮个忙呢？"

布朗教授想了想，一本正经地回答说："没问题，回国以后我就去办这件事情。"同时布朗教授还表示，如果丁肇中能去美国学习，他将负责解决丁肇中的住所问题，毕竟对只身在美国求学的中国学生而言，昂贵的房租是难以承担的。

得到这样的答复，丁观海夫妇高兴不已，连声道谢。晚上，夫妇俩把这个好消息告诉丁肇中，丁肇中听后更是兴奋不已，萌生出很多美好的想法和对前景的憧憬。可是，幻想归幻想，丁肇中并没有太把它当回事，还是继续努力准备自己的转学考试。

时间一天天地过去，布朗教授回国已近半个月。突然有一天，在家休息的丁观海收到了来自大洋彼岸的布朗教授的电报：

丁肇中赴美留学手续已全部办妥，我在这里等候着丁来美深造。

布朗

布朗教授的电报像一个石子扔进了湖里，打破了丁家平静的生活，泛起阵阵美丽的涟漪。特别是在丁肇中的心里，更是泛起了阵阵复杂的滋味。虽然在这些日子中他幻想过很多次，如果能去美国学习接触自己喜爱的物理学，将是多么美好的事情，可是，当这一天真的到来的时候，丁肇中心里反倒犹豫、忐忑了起来，他舍不得离开家乡，舍不得离开父母和关心自己的同学朋友。还有一点让丁肇中感到担忧的是，他觉得自己的英文会话能力还不足以独立在美国学习和生活。另外，对异国的生活方式和日常开支也缺乏了解，如果自己真的孤身去了美国，又将如何面对这些问题？

丁肇中对美国青年学生的了解，仅仅限于书籍和报刊。他知道，很多美国大学生都是靠自己在假期打工挣钱，或半工半读的方式来完成学业，即使父母是百万富翁，他们也愿意自食其力。美国青年学生这种独立、自强的精神，对丁肇中来说，是一种榜样，也是一种动力。他决定不管在大洋彼岸遇到多大困难，都要自食其力完成学业。

对布朗教授的这封电报，丁观海夫妇首先感到惊讶，当时顺带一提的几句话，布朗教授却如此重视，并且在这么短的时间里把事情办妥，这使丁观海夫妇多少有点感动。但随后，丁观海夫妇的心中也一样生出了疑问：去美国学习对现阶段的丁肇中来说到底适不适合，让丁肇中在美国独立到底应不应该？

丁观海夫妇不约而同想到：论天分、好学精神和独立生活能力，确实该让丁肇中到美国闯荡一番，可是想到丁肇中的英文水平比较差，对美国生活、文化的了解程度还不够，还有留学的高昂费用如何解决等问题，心中又有几分忧虑。

丁观海在比较了30年前自己赴美留学的情景和现在的条件后，最终决定送丁肇中到美国就读。

本来丁观海夫妇想先为丁肇中积攒些钱再送他去美国留学，可是丁肇中却下定决心：他要学美国人的孩子，不依靠父母的力量来完成大学学业。无论在美国遇到多大的困难，都要靠自己的力量，自食其力上大学，完成自己的学业。

看见儿子下定决心，丁观海夫妇感到非常欣慰，他们决定尊重丁肇中的选择。

美国虽说是一个新兴的国度，可是在两次世界大战期间，世界上的其他强国都受到了不同程度的影响，而美国本土非但没有受到战争的破坏，反而借着这两次战争成了全球的经济老大，呈现一片欣欣向荣的景象。借由经济实力，美国广泛吸引各国优秀的科技人才，像相对论的创始人爱因斯坦、原子反应堆的发明者费米、"原子弹之父"奥本海默、"氢弹之父"特勒等，使得美国在科技领域中也处于领先地位。美国的大学中人才辈出，群星灿烂，仅凭这一点，就深深地吸引着丁肇中的心。

丁肇中决定出国留学的消息很快在同学中流传开来，一想到要天各一方，大家格外依依不舍，临行前的几天，丁肇中和两位非常要好的同学商武和顾德楷在新店碧潭郊游话别。

新店碧潭青翠的树木、缓缓流淌的溪水，都不能使大家开怀。沉默了许久之后，商武开始说话，他对丁肇中说："丁大头，你还有几天就去美国上学了，到了那边想家的时候，不要忘记也给我们写信，我们是同学，更是朋友，我和德楷都会相信你的！""你放心好了，我不会忘记你们的，即便不想家，我也会给你们写信，不过说不定到了那边我就会拼命读书，把想家的事情给忘记了！"丁肇中开起了玩笑。

"丁大头，我知道你学习很用功，但是我劝你到了美国之后可不要一天到晚钻在书堆里不出来，要抽点时间做做运动，身体也很要紧啊！"顾德楷一本正经地提醒丁肇中说。

"那是肯定的，我接受你这个建议！"丁肇中刻意掩饰离别的悲伤，同时他对好友的建议感到非常欣慰，平实的嘱咐表明同学拳拳关心之意。

新店碧潭的溪水和花香让他们渐渐找到了话题，从丁肇中出国留学这个话题出发，三人开始畅谈自己的理想和计划，憧憬着美好的未来。

突然，商武提出一个建议："丁大头，我们在纸上写下对5年后的预言，看看谁的判断力最为正确，好不好？"

丁肇中和顾德楷马上对这个建议非常赞成，各自拿出随身携带的笔和纸。丁肇中首先在上面写道：

五年后，顾德楷大概还不会结婚，可能会出国，还可能有婚姻问题使他不愉快；而商武一定在准备考清华研究院，心中还有了理想的对象。没有什么危险，大概还是容易发脾气！

接下来，商武开始预言丁肇中，他在纸上写道：

五年后，丁肇中仍专心攻读于研究院中，顾德楷和本人从工作岗位回来，此时三人成就还未表现，也正是我们三人站在三岔路口各走各的路的时候。

商武写完后，顾德楷接过笔和纸，开始在纸的左上方写道：

丁肇中离国赴美求学，行期在即，吾与武兄于1956年8月24日于碧潭作别前叙，吾乃作如下预言：五年后吾与武兄已完成大学学业……而肇中兄则远居太平洋彼岸，获硕士学位后而作进一步博士学位的追求。

他们三人写好各自的预言后，经过商定，由商武保存这份预言书。这一天过得很快，时间在他们三人的谈笑风生中不知不觉地过去了，夕阳西下的时候他们决定返家了。临回家前，商武建议说："我们再到肇中兄家坐坐，看看他的纪念册去。"

在丁肇中家，他们三人一起翻看丁肇中的毕业纪念册，上面那一行行纯真而又戏谑的留言让他们好像又回到了纯真的中学时代。

最了解丁肇中的是商武，他好像看出了丁肇中内心的想法，当他看完毕业纪念册中同学们对丁肇中钻研数理的有关留言，沉思一会儿后，果断地对丁肇中说："丁大头，看来你念物理是正确的，尤其是美国的读书环境一定比我们这里优越。我希望你真的能够发现宇宙从未发现的东西，为中国争光吧。"

1956年9月6日，丁肇中告别家人、朋友，只身登上飞往美国的DC-7客机。此时他的母亲恰好因为公务在美国出差。

DC-7客机先后在东京、琉球群岛、阿拉斯加和西雅图降落、起飞。饱受旅途颠簸之苦的丁肇中最终抵达美国汽车城——底特律，随后行色匆匆赶往密歇根大学所在地——安阿伯镇。

安阿伯镇正是丁肇中出生的地方。20年过去，今天，这个大学城又敞开大门迎来了这位持有美国公民证的中国青年。经过20年的发展建设，现在的安阿伯镇远比当年更繁华。密歇根大学的规模更大，除了原有的专业外，新增了护理、公共卫生和社会工作等几个学院，还添置了粒子回旋加速器、原子反应堆和射电望远镜等大型实验设备，大湖上还有它的一支实验调查船队。

可是，对丁肇中来说，他不是回到曾经熟悉的地方，而是来到了一个完全陌生的环境。在这里，他举目无亲，语言不通。那时，他的英语会话还很不熟练，密歇根州的方言更叫他难以听懂。让他更为窘迫的是，握着父亲给的1000美元，他必须精打细算才能去适应这个陌生的城市。

下飞机的第二天，丁肇中来到布朗教授的家，为了迎接这个老朋友的儿子，布朗太太早早在楼上给他腾出一间房子，准备好一切日常生活用品。初来乍到的丁肇中觉得住在布朗教授家里多有不便，一开始并没有入住，而是和同在美国留学的中国同学李怡严一起租住在一幢租金便宜的学生公寓。仅仅一周后，丁肇中就改变了主意，他意识到，在美国与中国学生住在一起，吃中国饭，讲中国话，很难融入当地社会。不与美国人接触，根本不可能了解美国的风土人情，连简单的立足都很难做到，谈何与美国人竞争？

于是，丁肇中从学生公寓搬了出来，住进布朗教授家里。他在这里一直住到1960年年底结婚后才离开。事实证明，丁肇中的选择是对的，生活在一个纯美国知识分子家庭里，丁肇中很快就对美国文化和生活习惯有了较好的理解，英语会话能力也切实得到了提高。在这四年中，他还通过布朗教授认识了许多科学界和工业界的著名人士。

密歇根大学是男女同校的州立大学，创建于1817年，当时校址设在底特律，校名为密歇根尼亚大学，1821年更名。1837年，密歇根设州，密歇根大学遂迁至安阿伯，获得校地赠与。自此，密歇根大学的发展一日千里，跻身于美国著名高等学府之林。20世纪30年代，丁肇中父母在此攻读的时候，密歇根大学已经是一所具有相当规模的综合性大学了。50年代中期，密歇根大学又有了很大的发展，已经成为美国最佳的综合大学之一，也是世界上主要的研究性大学之一。

丁肇中在密歇根大学注册后，采购完学习、生活用品，才发现自己身上仅剩100美元。以后的学习和生活怎么办呢？丁肇中开始发愁了。

幸好，布朗教授发现了丁肇中这一窘态，告诉他一个消息：美国有许多企业、机关积极捐资助学，在大学里设立奖学金，以延长学生在校学习时间和提高大学教学效率，帮助大学生更好地学习。但是，这种奖学金只有那些成绩非常优秀的人才有资格享有，学生可以向学校提出申请，如果申请获得批准，一年的生活费基本就不用发愁了。陷于困境中的丁肇中心中马上燃起了熊熊的希望之光，决定通过自己的努力获得奖学金。

3

物理系和奖学金

从高中开始，丁肇中就对物理表现出很大的兴趣，可是他却因为没有考上台湾大学而与心爱的物理系失之交臂，后来，在准备转学台湾大学的时候，布朗教授的到来改变了他的人生方向。

来到密歇根大学，丁肇中还是没有成为物理系的学生，而是一名工学院的学生。因为当时布朗教授是工学院的院长，他觉得丁肇中在自己学院里可以得到更好的发展。在工学院念书的第一个学期，丁肇中的数学和物理等基础课都是优等，但工程制图这门课与在台湾省立工学院读书时一样，成绩平平，因此，拿奖学金的希望并不是很大。

丁肇中在密歇根大学的生活相当窘迫，为了拿到奖学金，他每天大部分时间都是在书堆里，或是实验室里度过的，废寝忘食，不知疲倦。为了节约开销，他一般只写信给在中国台湾的父母，写给同学的信尽可能地减少，以便节省些许邮资。

可即便这样，生活还是拮据不堪，丁肇中思考着，如果这样下去，肯定拿不到奖学金，也不可能提前毕业。于是他在第二个学期选课时，改变了策略：扬长避短，少选工程方面的课程，多选较高年级数学和物理方面的课程。由于数学和物理是丁肇中的强项，他在学期结束时，取得了优异的成绩。

在布朗教授的帮助下，他终于申请到了第一笔奖学金。在领到奖学金的那一天，丁肇中兴奋不已，买了很多东西来犒劳自己。之后他决心再接再厉，在下一个学年中继续向奖学金冲刺，此时学习对他来说，有双重任务，第一是取得毕业文凭，学到知识；第二是拿奖学金，维持自己的生活！美国的大学有这样一种规定：大学实行学分制，学生可以随意选修自己感兴趣的课程，只要修满规定的学分就可以。于是丁肇中就钻了这个规定的漏洞，开始选修自己比较感兴趣的物理学的课程，而少选修或者不选修工学课程，这样一来，自己的成绩就有可能冒尖，自己也就更有希望拿到奖学金了。

丁肇中的做法，引起了一些教授的反对，其中就有一个教授对他说过："年轻人，你听着，你是学工程的，应该多选择一些机械、电工和工程制图方面的课程，不要再选修那些高深的物理和数学！"

丁肇中却不以为然地回答教授："如果我按照你的建议去选课，那么我将有可能失去奖学金……"

他还想对这个教授说自己对物理的兴趣比对工程制图的兴趣要大得多，可是没等丁肇中把话说完，那位教授就生气地说："那你还是转到物理系去吧！"

听了教授的这句气话，丁肇中兴奋不已，这可是他长久以来的梦想啊，为了心爱的物理系，他不惜要从台湾省立工学院转学；为了物理系，他千里迢迢从台湾飞到美国。可是他一直碍于布朗教授的情面没有提出转系的请求，这下这个梦想终于可以实现了！

1957年夏，丁肇中接受了工学院老师的建议，转入密歇根大学物理系。他如愿以偿，终于可以在物理学的天空中自由翱翔了。后来，丁肇中谈起此事时笑道："这一切是在5分钟之内决定的！到目前为止，这个决定看起来并没有错！"

转到物理系的丁肇中更加努力地学习。他几乎每天都泡在书堆里，从来不会觉得厌烦。丁肇中似乎就是为物理而生的，他从小就对物理产生浓厚的兴趣，也表现出了自己的才华，现在他对物理学更是入迷：物理学方程式、电磁学现象、光源、光线等，都令他兴奋不已。特别是现代物理学所揭示的微观基本粒子的世界，更使丁肇中魂飞神驰：这些平时看不见、摸不着、微乎其微的粒子，竟具有阳、阴、中三种电性；它有轻有重，被科学家划分为重子、轻子、介子、光子等类别；它们有的长寿，有的短命；每一种粒子又都有自己的反粒子……所有这些简直叫人难以想象。

"只要我坚忍不拔，持之以恒，也一定能像同学们所说的那样发明几个丁氏定理。"丁肇中心里这样想。正如丁肇中在来美之初，他的好友们曾经预言的那样，丁肇中开始找到了努力的方向和目标。现代科学远没有穷尽微观世界的奥秘，现代物理学需要大批的后起之秀孜孜不倦地去探索，英勇顽强地去攀登。丁肇中下定决心，要成为这方面的后起之秀。

理想一旦扬起风帆，便开始了乘风破浪的征程。

4

华裔双雄

随着对物理学的进一步研究，丁肇中将自己的立足点选得更高了，把眼界也放得更加宽了，他和他的同学不一样，他不满足于区区几本教科书，而是要系统地弄清整个现代物理学的来龙去脉，了解现代物理学的最新成果和发展趋势。

就在丁肇中潜心学习的时候，一件让丁肇中感到无比兴奋的事情发生了：科学太空中出现了两颗耀眼的"中国明星"——杨振宁和李政道。他们俩因提出"在弱相互作用下宇称不守恒"命题而荣膺1957年的诺贝尔物理学奖。

面对这样的鼓舞和激励，丁肇中越来越觉得自己转到物理系是一个明智的选择，也增强了他要成为一个物理学家的信心，他更加投入自己的学业了。一直以来，在丁肇中学习、做研究时，法拉第的精神持续地鼓励着他，现在丁肇中又找到了学习的榜样，那就是刚刚获得诺贝尔物理学奖的杨振宁和李政道。

在后来的科学生涯中，丁肇中还与这两位大师级的物理学家建立了深厚的友谊。1992年，在杨振宁的70寿辰上，百忙之中抽出时间的丁肇中还热情洋溢地作了一个演讲，其中就谈到了杨振宁对物理学界的影响以及自己和他的交情。

今天，我非常荣幸地在这里演讲，以庆贺杨振宁教授的70寿辰。我第一次听到杨振宁的名字时，还是台北的一个中学生。杨振宁和李政道关于宇称不守恒的研究工作，是我们理解弱相互作用的一个主要步骤。

杨振宁教授是20世纪伟大的科学家之一，他对物理学和数学的贡献极大地增进了我们对自然界的了解。事实上，当人们回顾20世纪物理学发展的主要里程碑时，马上想到的是：

1. 相对论；

2. 量子力学；

3. 规范场。

人们能够很容易地列出杨-米尔斯规范场理论推出的一些结论：

1. 将局域规范不变性用于粒子族。

a. 量子电动力学以外的第一个成功的理论；

b. 用于基本粒子的第一非交换对称群；

c. 在较高的对称性和不变性之间建立联系。

2. 在SU（2）上的应用（n=2）。

a. 建立规范场的局域变换规则；

b. 用A表示$F_{Ш}$；

c. 解释对称性和同位旋守恒；

d. 引N3向量的规范粒子：无质量，2个带电荷的和1个中性的；

e. 对重规范粒子旋而言，显示希格斯机制的必要性；

f. 为电弱统一理论提供基础。

3. 拓广到SU（3）（n＝3）量子色动力学和8个无质量的胶子。

4. 拓广到弱电情形：标准模型。

5. 所有现代规范理论的基础。

20世纪60年代末，当我在（联邦）德国电子同步加速器中心做矢量介子的光子产生和电动力学实验时，我曾有机会和杨教授在利物浦会议上做过一次深入的讨论。然后在1974年，在布鲁克海文实验室发现"J"粒子之后，我在布鲁克海文常和杨教授在一起。我再次遇到杨振宁教授是在1977年夏天，我们一起为中国科学院的科学家举行招待会。我有机会和他进行长时间的谈话，并荣幸地参加了他为他的岳父——杜聿明将军举行的集会。那时，我们也在意大利的埃里西夏季聚会、新加坡的亚太会议、汉城等地进行多次讨论。几年前，当他在瑞士苏黎世联邦工学院接受荣誉博士学位的时候，他到欧洲核子研究中心和我们会见。1986年，我也在香港见到他，现在他常常到香港来。

杨振宁教授对物理学有非凡的清晰识见和透彻理解。他总是能为我的实验的价值和意义提供清晰的画面，虽然他不是实验物理学家，但他深刻地了解实验的极限和可能性，他知道什么是可能做的而什么是不可能的。他也能很好地察知各种实验结果的相对价值。他总是以极大的热情鼓励和支持青年科学家。他的识见和睿智使他认识到，对许多国家来说，有实际应用的科学比起像高能物理那样的昂贵的纯粹科学也许更为重要。

……

从丁肇中的演讲中我们可以看出，杨振宁和李政道对他的影响非常大，正如丁肇中自己所说的那样，第一次听到杨振宁的名字的时候他还是一个台北的中学生，可想而知，对于一个热爱物理学的中学生而言，科学家的影响力有多大。在丁肇中的生命历程中，法拉第是对他影响最大的科学家，但毕竟法拉第的年代比较久远，和丁肇中的生活也有较大的距离。而扬振宁和李政道不一样，他们和丁肇中同为华夏子孙，在这种特殊

第二章

大学生涯

的同根同族情怀下，丁肇中受到了莫大的感染和激励，也就是从这个时候开始，丁肇中决定要向杨振宁和李政道看齐，把自己的一生都奉献给物理学，为中华民族再创辉煌。

5

父亲的期望

丁观海虽然没有陪伴儿子一起在美国念书，可是丁肇中在美国的学习情况丁观海却十分关注。他时不时与儿子或布朗教授通信获知丁肇中的近况，包括学习情况、生活情况、近期打算、远期抱负……丁观海都要一一过问。

1957年前后，丁观海从布朗教授那里得知丁肇中开始喜欢上粒子物理学，便抽时间到密歇根大学看望他，并且给他送了很多这方面的书籍。1958年元旦前夕，丁观海送给丁肇中的圣诞节礼物，是一本叫《量子电动力学》的书，在书的扉页上，清晰地写着几个大字："祝吾儿圣诞快乐！"

虽然丁肇中在圣诞节收到很多礼物，但是在他眼中，父亲送给自己的这份礼物无疑是世界上最好的礼物。圣诞节那一天，同学们都要出去参加晚会，他们非常盛情地邀请丁肇中一起去参加，都被丁肇中婉拒了。同学们纷纷离开宿舍之后，空荡荡的宿舍显得格外安静，这对一心想学习的丁肇中来说，无疑是再好不过的环境，他迫不及待地拿出《量子电动力学》，如痴如醉地读了起来，读到一些不太明白的地方，他埋首案头认真做推演。

《量子电动力学》是一部论述光子的书籍。初涉其中的丁肇中还不能完全理解这里面的东西，但他还是细致地了解起了其中的发展脉络。

1900年，普朗克提出辐射量子假说，其中引入$E=h\nu$这个著名的关系式。该假说认为，电磁场和物质交换能量是以间断的形式（能量子）实现的，能量子的大小同辐射频率成正比，比例常数h被称为"普朗克常数"，从而得出黑体辐射的能量分布公式，成功地解释了黑体辐射现象。因此，普朗克被认为是量子论的鼻祖，他提出的量子假说，通常被看作是经典物理与现代物理（或称量子物理）的分水岭。

1901年，普朗克在研究黑体辐射的基础上，首次提出了"量子论"，但随即对自己提出的理论产生怀疑，不敢前进了。1905年，爱因斯坦引进光量子，肯定了普朗克的"量子论"，进一步加以发展，给出了光子的能量和动状态叫"定态"，而且原子只有从一个定态转到另一个定态，才能吸收或辐射能量的结论。爱因斯坦对此做了精辟的论述，建立了科学的光量子理论。

1937年，德裔加拿大物理学家赫茨伯格出版了《原子光谱和原子结构》一书，指出每种原子都具有独特的光谱。由疏密相间的线条和绚丽的七彩色调构成的各种原子光谱，是大自然奏出的神奇乐章，是泄露原子结构秘密的信息。正是对光谱学的深入研究，为光量子理论提供了有力的证据。1924年，法国物理学家德布罗意提出波粒二象性理论，指出一切粒子都具有波的性质。

到20世纪50年代，也就是丁肇中开始上大学的时候，物理学家们已经基本完成了量子电动力学的理论体系，取名叫"量子电动力学"。这门学科对光和物质的相互作用研究得非常透彻，大量实验也都证明了它的正确性。后来，因为美国科学家兰姆、费曼、施温格和日本科学家朝永振一郎的加入，让量子电动学得到了进一步的发展。

丁肇中如痴如醉地在这个全新的领域翱翔，不知道远在台湾的父亲心里有着自己的打算。丁观海作为台湾大学的一名教授，虽然不是物理学家，但是他还是知道"量子电动力学"是一门新兴的学问，里面肯定有很多的学问可以做，凭借丁肇中的知识和耐性，完全可以在这里面浓墨重彩地画上一笔，这也正是他在圣诞节的时候送给丁肇中《量子电动力学》的原因之一。他其实是在变相地告诉丁肇中，他所选择的道路是正确的，只要肯下功夫钻研，是完全有可能获得巨大成功的。

在这本《量子电动力学》中，丁肇中第一次了解到"粒子物理学"，这个学科里面清晰明了的物理学思想和数学表达、量子电动力学的完美，给他留下了非常深刻的印象。

丁肇中敏锐地感觉到，粒子物理学是未来物理学的主流，将会给人类社会的生产力带来前所未有的变革。他下定决心，要投身粒子物理学的理论研究或新粒子实验发现的行列中去，立志做一个世界级的科学家。

　　这一次的决心或许是丁肇中千万个决心中的一个，可是恰恰是这个不太显眼的决心，彻底改变了丁肇中的一生，让丁肇中走进了粒子物理学，走进了一个通向无穷小世界的旅程。

第二章

YANJIUSHENGYUAN

研究生院

①

为爱而变

丁肇中在密歇根大学期间，是一个十足的"怪人"，每天都在教室、图书馆、实验室之间三点一线，很少和同学一起娱乐，所以，时间长了，班上的同学就开始议论起来："塞缪尔（丁肇中的英文名）真是个怪人，学习顶呱呱，就是不合群。"

丁肇中在密歇根大学的同学和好友，后来在台湾清华大学任教授的李怡严在回忆当时丁肇中的情况时说："在美国留学，生活是十分平淡的，很少有玩乐的机会，肇中的生活也是这样，绝大部分时间都消耗在实验室里面……肇中研究学术，极具进取心。""丁肇中很少讨论私生活问题，如果说他与赴美留学的各国学生相比有不同的话，那就是他比别的同学更勤奋，更加有效地利用时间。"

1959年夏，丁肇中凭着顽强的毅力、争分夺秒的精神，在三年时间内完成了本应四年完成的课程，以优异的成绩从密歇根大学物理系毕业，同时获得了物理和数学两门学科的学士学位，并且还获得了美国田纳西州的橡树岭国家实验室从事核子研究的奖学金，这笔钱完全可以支撑丁肇中顺利地攻读完研究生，很多大学都向丁肇中敞开了大门，承诺提供奖学金和生活费用，这些大学包括密歇根大学和注重研究性的普林斯顿大学。

一开始丁肇中更想在理论物理学领域闯出一片天地，理论物理学最需

第三章 研究生院

要的就是数学和物理知识，而这两门课程都是丁肇中的优势。丁肇中看中了普林斯顿大学闻名世界的理论物理研究，而且其附近还有重要的理论物理学研究中心——普林斯顿高等研究院。所以丁肇中决定去普林斯顿大学攻读研究生。

就在丁肇中下定决心的那天，女孩凯伊·库尼小姐的出现改变了丁肇中的决定。那天，学校举行一年一度的毕业晚会。密歇根大学有一个老传统，每逢学年结束时，校长总要各院系在每个班级中列出学习成绩最优秀的学生名单，为这些学生举行一场专门的聚餐会。

这个聚餐会与其说是毕业晚会，不如说是群英会，是优秀学生交流学术思想、共同探索未来科学道路的场合。当然，在这些场合也少不了要互相联络感情，增强彼此之间的友谊，特别对丁肇中这样不经常参加学校活动的学生来说，更是需要。因此，这一次，丁肇中没有借故拒绝校长的邀请，而是穿戴整齐、早早地来到聚会的地方。

他到达时才发现同学早就到了，丁肇中苦笑一声：要是赶研究或者是去图书馆看书，自己总是第一个出发、第一个到达，而这种场合，却总是比别人慢半拍！

就在丁肇中苦笑的时候，他的一个同学满面春风地走了过来，身后还跟着一个如花似玉的女孩子。

"喂，塞缪尔，这是凯伊·库尼小姐，你们可以聊聊！"

丁肇中在密歇根大学的几年，一心只想着学习，早点拿到奖学金、早点大学毕业，根本没有时间去看哪个女生漂亮，更不用说和女生交朋友了。今天，在这个特殊的场合，突然面对这样一个特别有魅力的女生，丁肇中内心那股冲动还是不由自主地迸发了出来……

同学见状，会心一笑，很知趣地借故离开了，只留下丁肇中和凯伊。

凯伊是个性格非常爽朗的女生，她看见丁肇中还愣在那里，便主动上前和他打招呼："你好，很高兴认识你！"说完还主动伸出了手。

丁肇中这个时候才醒悟过来，连忙伸出手，在两手相握的那一刻，似乎有一股电流击中了丁肇中。为了掩饰内心的激荡，丁肇中连忙做起了自我介绍："我叫丁肇中，物理系的学生，今年毕业……"

没能掩饰住自己的激动，丁肇中语无伦次的自我介绍显得非常不自然，真诚中透露着几分羞怯。

凯伊看出了丁肇中的紧张，连忙接过话说："我知道你，你是物理系的高材生，仅仅用了3年的时间就毕业了，我们都很佩服你……"

一说到学习，丁肇中心里平静了许多。那天，丁肇中几乎没有和别的同学讲过话，专心和凯伊一个人聊天，从自己的学习到毕业后的打算，从毕业后的打算到理论物理学的奥秘，期间还谈到自己即将去普林斯顿大学研究院继续深造……

从进入密歇根大学的那天起，丁肇中觉得自己从来没有和一个人说过这么多学习话题以外的话，在他心中，对这个女孩似乎有说不完的话题。

凯伊是一个有礼貌的西方女孩，她安静地听丁肇中说话，偶尔也说说自己的理想和打算，她虽然不太懂物理学的奥妙，却非常理解这位比她年长的华人青年的心情，也从内心敬佩他的学识和才华。

晚会很快结束了，丁肇中却觉得意犹未尽，凯伊那文静美丽的形象在他心中开始悄悄落地生根。

往后的日子里，丁肇中频繁和凯伊见面，在不断接触中，丁肇中发现，凯伊·库尼这个女孩子不仅外表美丽、成绩优秀，内心也极其善良、温柔，更为可贵的是她从不人云亦云、随声附和，面对问题和事情，她总有自己独到的见解。

渐渐地，丁肇中发现，自己已经不可救药地爱上了这位姑娘，而凯伊也发现，自己对这个东方青年越来越有好感。两个人都知道爱情已经悄悄地降临！很快，丁肇中就和凯伊确定了恋爱关系。

凯伊在密歇根大学建筑系学习，丁肇中为了维系这段感情，对自己的未来重新做了慎重的考虑，最后他决定放弃普林斯顿大学研究院，继续留在密歇根大学，在研究院攻读理论物理学博士学位，这样一来，学习和爱情就可以两全其美了。

得知丁肇中的决定，凯伊非常感动，两个人的感情升温得越来越快。这时的丁肇中获得了双重力量。一方面，艰苦的三年大学学习给他打下了坚实的知识基础，为他继续从事物理学研究提供了良好的支持；另一方面，凯伊成为他学习、研究上的贴心知己。他们经常在一起讨论学习，谈论人生。处于热恋中的丁肇中，并没有因此耽搁学习，甜蜜的爱情激励他更加奋进、向上，他决心在短期内取得博士学位。

正当他们的爱情和学业蒸蒸日上的时候，医院却传来一个不好的消息：母亲病危！

其实丁肇中的母亲王隽英在丁肇中毕业之前就已经感到身体不适。王隽英的身体原本就有脉搏间歇的老毛病。从大陆到台湾后，还曾经在心脏科接受过治疗，也曾住过妇产科医院和台大医院。后来在中心诊所就诊时，那里的张先林大夫诊断出她罹患直肠癌，于是立即进医院动了手术。1959年春，她的病情复发，先后在中心诊所、台湾大学医院治疗。因在国内医治无效，丁肇中的母亲于1959年夏天赴美就医。

丁肇中对母亲有着深厚的感情，他终日陪伴在母亲病榻前，希望在母亲最后的日子里再多尽一些孝心。

1960年春，丁肇中的父亲也赶到美国照顾妻子。病情好转后，丁肇中的母亲曾一度出院，不久，病情再度发生变化，只得回到医院继续接受治疗。丁肇中、凯伊和丁肇民都在医院尽心照顾她。

为了让母亲能在最后的时间里见证儿子走进婚姻的殿堂，丁肇中和凯伊商量后决定在1960年11月23日举行婚礼。

婚礼是在密歇根大学附近的一所基督教堂里举行的，丁肇中之所以选择安阿伯为结婚地点，是因为他出生在这里，他希望安阿伯不仅是他的诞生地，也是他成家立业的地方。陪他俩走进教堂的男傧相是与丁肇中同窗三年的好友李怡严。婚礼虽简单、质朴，但仪式隆重、气氛热烈。王隽英眼看着自己的儿子步入了婚姻的殿堂，压在心里的石头终于落下了地。

1960年12月3日，丁肇中的母亲王隽英在斯隆肿瘤医院安详地闭上了眼睛。临终前，她仍不忘教导丁肇中要"爱科学、爱祖国，双爱双荣"。

母亲的去世给丁肇中造成极大的精神打击，他一时陷入极度的痛苦之中，他认为自己没有尽到一个孝顺儿子的本分，没有让母亲过上一天好日子。

丁肇中的悲痛，妻子看在眼里，痛在心里。可是她没有和丁肇中一样深陷于此，而是以自己贤淑的品质，无微不至地关心丁肇中，尽力使他从丧母之痛中走出来，重新抖擞精神，加入新的科学研究之中。

2

马丁·佩尔教授

1959年秋天，丁肇中为了维系在密歇根大学觅到的爱情，放弃了去普林斯顿大学研究院工作的机会，决定留在密歇根大学继续深造，并且希望能在较短的时间内取得理论物理学的博士学位。

这个决定看起来有些冲动，可是正是这个冲动的决定，让丁肇中改变了自己的人生。

1960年4月的一天，丁肇中和凯伊刚探望完母亲从医院回到学校，丁肇中在学校意外地碰见了在研究院教实验物理的马丁·佩尔教授。

马丁·佩尔，1927年6月24日出生在美国的一个犹太移民家庭，小时候居住在贫民窟里。由于他父亲苦心经营一间印刷厂和一家广告公司，家境逐渐好起来，佩尔也进入了较好的学校。他学习非常努力，成绩很好，曾跳过两次级。他还喜欢读书，特别爱读的两本书是《大众数学》和《大众科学》。但是，他没有钱把它们买下来，就一次一次地借回家来读，并详细地做笔记。

佩尔高中毕业后进入布鲁克林多科工业学院。其间，因年龄不够，佩尔暂不能入伍，于是加入商船学校当学员，后来，还是当了一年的兵。佩尔返回学校后，于1948年以优异的成绩从布鲁克林多科工业学院取得化工专业学士学位。

1954年，佩尔进入哥伦比亚大学攻读博士学位，1955年，获得该校物理学博士学位。之后，他去了密歇根大学。在密歇根大学，佩尔与格拉泽（因发明气泡室而荣获1960年的诺贝尔物理学奖）一起从事气泡室工作。之后，佩尔又到斯坦福直线加速器中心任职。他曾经参与伯顿·里克特领导的实验组并一起发现氡粒子。

1957年，苏联卫星上天，美国急切地要加强尖端科技。佩尔利用这一机会，向华盛顿建议用发光室和火花室进行基本粒子研究，他的计划获得批准。于是佩尔就在加利福尼亚的伯克利实验中心的加速器上开始进行这项大型实验。

丁肇中对佩尔教授的这些经历非常感兴趣，同时也非常敬佩他，认为他是一个非常了不起的教授。同样佩尔教授也对丁肇中这个勤奋好学、爱提问题的学生印象深刻，这次见到他，难免会有一些指导性的话要送给他。看到佩尔教授，丁肇中首先上前打招呼："嘿，马丁·佩尔教授，很高兴在这里见到您！"

"我也是，塞缪尔，你是一个很不错的年轻人，你的成绩我很满意，你肯定会做出一番事业的。你想从事理论物理研究的心情我能理解，因为你的物理和数学都很好，并且研究这些有趣的问题不需要昂贵的设备，甚至一个普通的人单枪匹马也能完成！"

丁肇中从教授的话中听出了别的意思，他随即向教授说道："您说得很对，可是我还是想听听您的意见！"

"我没有什么意见，不过我和琼斯教授正在从事一项实验，是一项大型的实验。"佩尔教授对丁肇中旁敲侧击。

"是有关基本粒子的实验吗？"丁肇中很早就听说过佩尔教授正在进行一项关于基本粒子的大型实验，今天，终于能问个明白了。

"是的，我们在加利福尼亚的伯克利实验中心用加速器做一项 π 介子和质子撞击的实验，我们人手不够，想请一个像你这样成绩优秀并且对物理学感兴趣的助手，不知道你愿不愿意趁着暑假的空闲时间去帮忙呢？"

还没等丁肇中回答，佩尔教授接着补充说："当然，不会耽误你谈恋爱的，你可以和你的女朋友一起去，并且我会付300美元工资和来回的旅费，你是不是可以考虑一下？"

丁肇中明白这是一项粒子物理学方面的实验研究，自己虽然从大学到研究院，念了好几年物理学，对基本粒子也做过一番研究，可是迄今为止，还没有见识过大型实验基地——现代化的加速器中心。这回可是一次极好的机会。

丁肇中爽快地答应了佩尔教授，愿意去当他们的助手！

佩尔教授"呵呵"地笑起来，他就知道丁肇中肯定会对这项实验感兴趣，自己刚才只不过是拐弯抹角地在引起丁肇中的兴趣而已。不过他没有想到丁肇中能这么快就答应，因此，心里还是很高兴。

就这样，1960年的暑假，丁肇中和自己的女友凯伊收拾好行李，从底特律机场登上一架飞往旧金山的班机。飞机从东海岸一直飞到西海岸。下了飞机后，他们直奔加州大学伯克利分校，准备在那里的劳伦斯-伯克利国家实验室从事高能物理实验。

高能物理实验所用的一种重要设备就是粒子加速器。集现代技术于一身的粒子加速器，对粒子所起的作用，就类似于弓弦对箭矢、枪膛对子弹的推进和加速作用。不论是多高能量的加速器，其原理都是一样的，即让带电粒子在电场中获得能量而加速，而用磁场来约束粒子的运行轨道。

不过丁肇中对加速器的印象还停留在卢瑟福用来做轰击原核实验的那个加速器，当时有个英国科学家在参观了这个加速器之后，写下了这样一段话：

整个仪器是由一个不大的黄铜箱做成的，而闪烁现象是用显微镜观察到的。当时我很惊讶，甚至还因为这些仪器没有给人更深刻的印象而感到有些失望。

可是，当丁肇中走进劳伦斯-伯克利国家实验室时，就被眼前的情景震惊了。所谓的加速器根本就不是他想象中的那样。里面的实验室有几十米高，像一座宽敞豁亮的大型厂房；各种电缆和管线涂着不同的颜色，纵横交错地排列着；操作台上，布满了一排排仪表和信号灯，简直使人眼花缭乱、目不暇接；一切运算和调节，都由控制着整个实验室的电子计算机来进行。在这里，人突然间变得非常渺小，只要这些东西稍微出一点差错，渺小的人立刻就会灰飞烟灭。为了不出现这种情况，实验室管理人员在每一个重要的部分都装上一块大大的警示牌：危险，请勿靠近！因此，人在这里只能退居二线操控计算机，再由计算机来控制其他机器。

从没有看到过如此大场面的丁肇中不由得发出了感慨："人类的力量真是伟大，实验物理学家大显身手的地方原来是这个样子的！"

要揭示原子核内部的秘密，就必须先把原子核打碎，可是怎么才能打碎原子核呢？在最早的时候，轰击原子核的"炮弹"是天然放射性物质释放出来的粒子，可是，这些粒子源的能量很小，命中率也很低，即便命

第三章

研究生院

中了，也时常因为力量不够而不能打碎。因此当时的高能粒子源只能从宇宙线中获得，可是，这对于科学家而言，更是难上加难。从1936年开始，情况有了改观。因为就在这一年，美国物理学家劳伦斯设计出的世界上第一台回旋加速器已经可以用来制造放射性同位素了。这台荷电粒子"投掷器"体积很小，只有一个小方桌那样大，可是它的本领却不小：荷电粒子在两个半圆盒内受到磁场力的作用而转弯做圆周运动，在两个半圆盒的缝间又不断地受电磁力作用而加速，就像踢皮球似的被踢过来踹过去。荷电粒子仿佛在荡秋千，越荡越快，越荡越高，也就是说，它的速度和能量都在不断增大。然后，用这种经过充分加速的、能量很高的荷电粒子去轰击原子核，果然弹无虚发，一举成功。后来，加速器越造越大，被加速的荷电粒子的能量越来越大。到1962年，最新的加速器已经能把荷电粒子的速度加快到接近光速。这时的加速器的体积已经变得相当庞大，大到实验室已无法装下，只好把实验室盖在加速器的旁边。加速器的发展标志着高能物理的发展水平，也标志着人类揭开微观世界奥秘的能力的提高。

很快，π介子和质子撞击实验的准备工作已经全部完成。第二天，佩尔教授把丁肇中领进一个小小的仪器室内，指着一台计算器的控制台，对他说："这里就是你的工作岗位，你的任务是监视机器的工作电压，把计数器的数据记录下来。"

这个工作看似很简单，实际上却并不轻松，丁肇中不仅要时时记录下各类仪器的数据，还要检测实验仪器是不是正常工作，如果不正常，还要自行进行维修。

一天很快就过去了，丁肇中感到有点累。两天过去了，丁肇中感到非常累。

3天、5天、10天过去了，丁肇中已经累得不行了，逐渐丧失了刚来时的那种激情，每天都是千篇一律的工作，无数次地弯腰、站立、弯腰、站立，一股乏味的感觉占领了心绪，丁肇中开始怀疑自己到这里来是不是正确的选择，甚至准备打退堂鼓。可是有一天，佩尔教授却告诉他：其实，实验物理最重要的工作不是做实验，而是记录实验，实验的结果是要经过对实验数据的分析后才能获得的。

丁肇中听了佩尔教授的话，懊悔不已，他明白，佩尔教授是把最重要的任务交给了自己，这不仅仅是对自己的信任，更是对自己的一种锻炼。

这项工作需要细心、耐心，有时需要白天和晚上连续工作。丁肇中是一个非常要强的人，他看到别人都能做得很好，也相信自己一定能做得很好，甚至能做得比别人更好。为了表明自己的信心，丁肇中每次遇到问题的时候，从来不去依靠别人的力量来解决，而是先依靠自己的努力、思考来寻找问题的答案。对此，佩尔教授和琼斯教授看在眼里，喜在心里，他们知道，这个年轻人如果能投入实验物理学的研究领域，日后必定能做出一番大事业。为了培养丁肇中的能力，佩尔教授和琼斯教授经常不具体过问丁肇中的工作，只是简单地交代任务，简单地问询实验结果，至于其中的细节，都由丁肇中一个人去完成。

在这一段时间里，丁肇中学习到很多东西，也提高了自己物理实验的技巧和科研的能力，同时他收集了大量的实验数据，之后两年里发表的论文，都是这段时间辛勤劳动的结晶。

通过这段时间的实践，丁肇中对实验物理有了一个初步的了解，正是这段实践经历让丁肇中慢慢地喜欢上实验物理，这对他以后的道路产生了巨大的影响。

3

改弦易辙

在佩尔教授的实验室将近两个月的工作和学习，让丁肇中对实验物理产生了浓厚的兴趣。暑假快结束的时候，佩尔教授和琼斯教授找到丁肇中，对他的能力给予了肯定。最后，佩尔教授给向丁肇中发出了邀请："依我看，像你这样的学生，如果搞实验物理，要获得博士学位，一般是不成问题的。所以我希望你能继续留下来，从事实验物理学的研究工作！"

丁肇中听了佩尔教授的话内心有些激动，但他还是觉得要谨慎地考虑一下，于是并没有立刻答应佩尔教授的邀请，只是对佩尔教授说："谢谢您的建议，不过请您给我一点时间考虑，可以吗？"

佩尔教授很爽快地答应了，他明白，要想让一个年轻人，特别是一个非常有抱负的年轻人从一个领域转换到另一个领域是需要一点时间的。

回到密歇根大学，丁肇中每天除了学习之外，就是在思考佩尔教授的话，随着思考的深入，丁肇中越来越觉得佩尔教授的话具有建设性意义。这个时候，他又想起自己仰慕的科学家法拉第，他不也是一个实验物理学家吗？既然自己想做法拉第第二，又怎么能仅仅在理论物理上徘徊呢？丁肇中开始有些心动了。

确实，理论物理对于丁肇中来说是一个较为轻松的领域，其注重的是数学和物理，而这两门课程对丁肇中来说都是强项，想正常毕业获得文凭甚至搞出一两个理论来问题不大，关键就在于自己到底更想创造什么样的价值。一天，苦恼的丁肇中翻开了高中毕业纪念册，朋友对他的期望又映入眼帘，"发明几个丁氏定理"几个字经过岁月的尘封，变得有些陈旧了。然而，这几个字却让丁肇中又回到了那个雄心壮志的年代。在遥远的台湾，在新店碧潭，他曾经立下过誓言，只要自己肯努力，一定能发明几个"丁氏定理"出来，可是今天自己怎么就犹豫了呢？

在不断的思考中，丁肇中逐渐明确了自己的方向，如果想成为一位伟大的物理学家，必须要投身于实验物理之中。

丁肇中将这个决定告诉了自己的爱人，凯伊对丁肇中的想法一贯都是支持的，但是出于谨慎，她还是建议丁肇中去和自己的导师乌伦贝克教授谈谈，听听前辈们的意见再做最后的决定。

丁肇中恍然大悟，自己怎么就没有想到这一点呢？在这个领域里，没有前辈、大师的指引，怎么能不迷路呢？幸亏凯伊提醒了自己，丁肇中高兴地向凯伊投以赞许、感谢的目光，那种目光在凯伊看来，傻傻的，但很可爱。

凯伊说："你赶紧去吧，不然乌伦贝克教授又去实验室忙了。"丁肇中使劲地点了一下头，朝导师的办公室跑去。

乌伦贝克教授也是密歇根大学一个有名的实验物理学家，他在年轻的时候就曾经做过一个很巧妙的实验来证明电子像一个小小的陀螺，一刻不停地绕轴旋转。

丁肇中来到乌伦贝克教授的办公室，乌伦贝克教授正要去实验室了，丁肇中开门见山地提出了自己的疑问："乌伦贝克教授，您说我是当一个实验物理学家好，还是当一个理论物理学家好呢？"

乌伦贝克教授听了丁肇中的陈述之后，毫不犹豫地说："我觉得你还是做一个实验物理学家吧，因为这样更能实现价值。"

"为什么呢，理论物理不是照样能研究出成果吗？"丁肇中还是不满足于乌伦贝克教授简短的回答，他每次都是这样，遇到问题就喜欢问到底。

乌伦贝克教授继续说："你说得很对，一个人无论在哪个岗位上都能创造价值，可是这些价值有大小之分。在我的观念看来，一个普通的实验员就很有用，而一个普通的理论物理工作者就不是非常有用。你要明白这样一个事实，在理论物理领域内，只有极少数理论家才是重要的。但是做实验和这个不一样，只要你做出来了一点什么，哪怕是一点点的成就，都是必不可少的，现在你明白了吗？"

丁肇中听了乌伦贝克教授的讲解，心中豁然开朗，连忙点头。

乌伦贝克教授满意地看着丁肇中，他知道这个年轻人潜力不一般，要是他能转行进入实验物理的领域，将会大放光彩。

为了增加丁肇中的信心，临走时，乌伦贝克教授还和丁肇中开了一个玩笑说："如果我能返老还童，我还是会选择做实验物理学家！"

在物理学领域，丁肇中无疑是一个响鼓，而今天乌伦贝克教授的一席话则是重锤，它使劲敲打在丁肇中的心上，为丁肇中解开了多日的疑惑，指引他走出迷津。从乌伦贝克教授的办公室出来，丁肇中似乎觉得天特别蓝，草特别绿，人特别和蔼，心情一片爽朗。这一切都是因为他看清了自己未来发展的道路：当一名实实在在的实验物理学家，研究高能物理。现在他恨不得把自己的这个决定告诉全世界的人，让他们都知道，自己现在心里有多么痛快。

当然，最先知道这个消息的是凯伊，其次才是佩尔教授。

随后，丁肇中把自己的决定写信告诉父亲，想听听这位在工程科学方面耕耘了几十年的老学者的意见。丁观海还是那样，只要是丁肇中自己经过慎重考虑之后所下的决定，他一向都是支持的，这次自然也不例外。丁观海回忆当时的情况说："他（丁肇中）选择实验物理，主要是过去都由理论创出理论，他则希望经由实验来加以证实。他总是想走在最前面。"

人生在前进的途中难免会遇到一个个漩涡，而丁肇中就是被"实验物理"这个漩涡给吞没了，但是这种吞没不是消失，不是毁灭，而是相融，是投入。丁肇中相信，自己总有一天会把这个漩涡掀翻，像一条蛟龙那样腾空而起。

后来的事实证明，丁肇中走对了路，他准确地选择了主攻方向，取得事半功倍的效果。丁观海在分析其原因时说："肇中成为一个实验物理工作者，是受乌伦贝克教授、琼斯教授和佩尔教授等人的影响，他们认为实验很有用处。"

确实，一个好的老师对一个学生的影响是非常大的，丁肇中很幸运，他在求学过程中遇到了很多非常好的老师，也给了他非常多、非常正确的引导，这些对于丁肇中后来所取得的成就来说都是必不可少的。

1962年，丁肇中在佩尔教授和琼斯教授的指导下，完成了他实验方面的博士论文，顺利通过答辩，提前获得了密歇根大学的博士学位。他父亲回忆说，这主要是因为"他在密歇根大学物理系已经成了知名的学生，常常提出问题难倒老师，所以他只念了两年，在1962年，密歇根大学就赶快把他送走"。

当然，这只是一个玩笑而已，真正的原因不说大家也都知道，丁肇中提前从密歇根大学毕业完全是因为自己足够努力。

丁肇中用了5年时间，在密歇根大学取得了学士、硕士和博士学位，而一般美国学生需要10年左右的时间才能完成。他之所以能有这样的成就，完全是因为自己的努力和坚持。琼斯教授在回忆丁肇中这位得意门生时说："丁肇中身上体现了三个重要的品质，这三个品质表现在大多数诺贝尔奖的获得者身上。他具有创造性的天分和精神力量；他工作刻苦；还有就是他有好运气。""丁肇中有很强的个性，是一个能力很强、做事有效率的领导者。他还具有那些组织基本粒子物理学经常要求的，也就是有用的品质。"

第四章

HOUQIZHIXIU

QIXIU

后起之秀

①

尼文斯实验室

由于出色的表现，丁肇中在密歇根大学成了一个名人，一个具有神话般色彩的名人。他用五年时间完成一般人十年才能完成的学位，他提前从密歇根大学毕业。

丁肇中准备毕业时，许多大学和研究所都向他抛出了橄榄枝，这些学校和研究所都亮出了自己的底牌，有历史悠久的大学，声誉卓著的教授、导师，有设备先进的研究院，待遇良好的后勤保障……总之，这些大学和研究所都纷纷拿出十二分的诚意吸引这位密歇根大学的优等生加盟。

面对这样的邀请，一向稳重、有判断能力的丁肇中心里开始了盘算：到底该去哪家呢，是选择设备先进的大学还是选择工资待遇良好的研究所呢？丁肇中陷入了思考。最终他得出一个结论：无论去哪里，那个地方首先要适合自己的工作，并且最好能有研究高能物理的场所和条件。至于待遇，只要过得去就行，反正现在不像刚来美国那会儿，需要每日为了生活努力！

经过几天的思考和分析，丁肇中选择去哥伦比亚大学的尼文斯实验室。

哥伦比亚大学是美国著名的研究性大学之一，特别是其中的尼文斯实验室，更是聚集了一批丁肇中仰慕已久的世界一流的实验物理学家，他们都在当今的物理学界声名显赫。然而，要进入哥伦比亚大学尼文斯实验室并不是一件容易的事情。

面试那天，丁肇中挤过拥挤的人群进入会场，凭借自己扎实的知识，在众多应聘者中脱颖而出，尼文斯实验室主持面试的教授眼里透着欣赏，丁肇中顺利通过面试，进入了尼文斯实验室工作。

其实丁肇中选择哥伦比亚大学还有另外一个原因，那就是他的母亲王隽英。王隽英于1960年在美国病逝后，就长眠在哥伦比亚大学附近的一个公墓中。丁肇中对母亲的感情很深，他选择在哥伦比亚大学的尼文斯实验室工作，不仅仅是为了自己的工作，更是为了能和母亲离得近些，重温母亲的教导。

尼文斯实验室是哥伦比亚大学研究高能实验物理和核物理学的重要中心。这里有专职的研究员和教授，也有一批从事策划、设计和建造高能物理实验设备的工程人员和技术人员，这些都是一个物理学家工作及成功所不能缺少的条件！

进入尼文斯实验室，丁肇中才明白尼文斯实验室本身还有一段非常传奇的历史：尼文斯实验室所在地原是亚历山大·汉密尔顿的儿子詹姆斯·汉密尔顿上校的私人地产，面积为60英亩（约24公顷）。1836年，詹姆斯·汉密尔顿在这块地上建造了一幢楼房，他根据父亲家乡的地名将这幢楼命名为"尼文斯"。

1934年，特拉华州的杜邦家族将这块地产捐赠给哥伦比亚大学。1947年，学校开始在尼文斯楼内建造物理实验设备。之后，这里就发展成为哥伦比亚大学重要的高能物理实验中心。现在，尼文斯楼仍然矗立在尼文斯实验室的大院内。

在尼文斯实验室，丁肇中如鱼得水，细心地进行着自己的工作，他几乎每天都要花十几个小时在实验室里，其他时间也不外出游玩。哥伦比亚大学美丽的风景，对丁肇中来说完全没有吸引力。

丁肇中一来到尼文斯实验室，就经常和那些他仰慕已久的物理学大师一起讨论工作，这些世界一流的实验大师，无不有着自己独特的思想和实验方法。在他们身上，丁肇中发现很多自己尚不具备的素质，他知道这种直接向各位大师学习的机会很难得，于是丁肇中不放过任何机会，分秒必争地从前辈那里学习，不断积累各种知识。

在这些大师中，有一位对丁肇中来说特别亲切，她就是被誉为"世界物理女王"和"中国的居里夫人"的华裔女实验物理学家吴健雄博士，一种同根同族的情怀，让丁肇中觉得这位前辈大师特别亲切，和她交流的时间也特别多。

吴健雄是中国江苏省太仓县（今太仓市）人，1912年5月31日出生于上海。1934年中央大学毕业后，曾任浙江大学物理学助教，后又转入中央研究院从事物理研究工作。1936年赴美留学，1940年获加州大学伯克利分校物理学博士学位。1956年，与她同是哥伦比亚大学物理学教授的李政道博士邀请她做一个实验，以检验自己与杨振宁共同提出的"弱相互作用下宇称不守恒"命题。1957年1月，这个实验取得成功，从而使杨振宁、李政道荣膺1957年的诺贝尔物理学奖。1963年，吴健雄又用实验证明了β衰变中矢量流守恒定律。此外，她在β衰变的其他研究，关于量子力学的基本哲学问题方面的实验，μ子、介子和反质子物理方面的实验研究和穆斯堡尔效应的测量及其应用等方面都做出了贡献。

虽然丁肇中从这些大师身上学到了很多东西，但是在基本粒子的研究面前，他无疑还是个新手，还需要汲取更多的营养，需要有更多的经验才能真正把握这一实验，打开科学之门。

② 拜师学艺

丁肇中在尼文斯实验室工作一年后，有意离开此地。他认为在一个地方学到的东西是有限的。为了吸收更多大师的长处，丁肇中决定暂时离开哥伦比亚大学，到其他地方深造。

这个时候，他正好得到福特研究基金的资助，受邀去瑞士日内瓦的欧洲核子研究中心从事博士后研究工作。

欧洲核子研究中心提供的是一个任期一年的职位，所提供的薪资只有尼文斯实验室的三分之一。但是丁肇中还是选择离开尼文斯实验室，去欧洲核子研究中心工作。当时尼文斯实验室的很多同事不理解丁肇中为什么要做这样的决定，甚至还好心挽留，丁肇中却并不计较待遇多少，只要是对自己的研究有利，什么地方他都会去。更为打动丁肇中的原因无疑就是科科尼教授，他是丁肇中做梦都想跟随的教授之一。

在丁肇中的眼中，科科尼教授是一位有非凡能力的物理学家，他是意大利西西里大学优秀的物理学大师。他思维敏捷，在选择物理学研究课题方面具有特别敏锐的洞察力，同时以条理清晰著称，惯以清晰而简明的方式阐述复杂的问题，他做实验时的耐心和全神贯注，更是其中翘楚。

后来，丁肇中在一篇文章中写道：

在那里（欧洲核子研究中心），我有幸与科科尼教授在装有质子加速器的地下室里一块儿工作，并从他那里学会了许多物理学知识。他总是用简单的方式看待复杂的问题，做实验也非常认真。他给我留下了深刻的印象。

出于这几种原因，丁肇中和妻子凯伊于1963年告别了长眠于黄泉下的母亲，登上了去瑞士日内瓦的飞机。当飞机飞越一个平原时，丁肇中被地面上的一个环形跑道给吸引住了，它好像中国的长城一般，在高空中看起来是那么的清晰和美丽，后来丁肇中才知道，这就是他要去工作的地方——欧洲核子研究中心，那个环形跑道一样的东西就是其中的加速器。

欧洲核子研究中心位于日内瓦以西的郊区，瑞士和法国的交界处，其位置象征着国际合作精神，而这种合作精神是科学实验取得成功的重要原因。它的绝大部分设施被置于几百英尺（1英尺=0.3048米）深的地下。在建造于那里的一系列独特的隧道和其他硬件设备里，粒子流可以在极高的速度下碰撞，从而使得人类能在瞬间窥视到宇宙一些基石构成粒子。

欧洲核子研究中心是世界上最大的粒子物理学研究中心。1949年，法国物理学家德布罗意提出一项建议：成立欧洲共同的物理实验室，以使欧洲科学复兴。德布罗意的提议得到了响应，经过几年的酝酿，1953年，正是丁肇中在台北建国中学上中学的时候，欧洲核子研究中心开始筹建。这时的欧洲是阿登纳、戴高乐等几个人的时代。1953年在巴黎签署协议时，它的成员国有比利时、丹麦、法国、联邦德国、希腊、意大利、荷兰、挪威、瑞典、瑞士、英国、南斯拉夫（1961年退出）等12个（现在成员国已经增加至23个）。当时的协议规定，这个组织是为了纯粹的科学研究而设立，不涉及任何军事、政治目的，一切研究成果可以公开发表，成为人类共有的精神财富。

1954年，欧洲核子研究中心开始动工建设。1957年，丁肇中转入密歇根大学物理系这一年，欧洲核子研究中心建成第一台加速器，并投入使用。欧洲核子研究中心不仅仅是一个欧洲的实验室，更是一个世界性的研究机构。世界各国的科学家经常到这里进行研究工作，当时世界上的高能物理实验约有一半是在这里完成的。此外，欧洲核子研究中心在先进技术教育和青年人才培养方面也发挥着重要的作用，因此，它成了世界粒子物理学的"首都"，吸引了世界上无数优秀的年轻科学家和工程师。

丁肇中就是被吸引的物理学家之一。下了飞机，他马不停蹄地来到研究中心，拜见仰慕已久的科科尼教授。

科科尼教授热情地接待了这个黑头发、黄皮肤的东方青年，随即向他布置了以后的任务，并讲解了任务的要求。

和这些大师交往，闲话基本上都没有，除了研究讨论就是默默埋首工作，丁肇中和这些大师们在一起时间长了之后，也明白了其中的道理：在科学面前，除了工作还是工作。在后来的工作中，丁肇中一点都不敢马虎，因为他明白，像这样大型的实验室，只要出一点小小的差错，就会酿成不可挽回的损失，甚至会伤及其他工作人员。因此丁肇中每天都仔仔细细核对每一个数据、认认真真检查每一步实验，经常忙到半夜。

瑞士是一个环境优美的地方，置身实验室的丁肇中却无心风景，也根本没有时间去欣赏窗外的风景是否优美。科科尼教授看到这个东方小伙子如此投身工作，不由心中暗暗赞赏，而他所能做的除了白天指导丁肇中的实验工作之外，就是晚上陪丁肇中值夜班，顺便和他讲讲瑞士的风土人情，或者是介绍意大利西西里岛的名胜和风光，讲述一些意大利的风俗故事。科科尼教授并不是一个十分善谈的人，但是丁肇中能从他的话语中看到他所描述的所有美丽事物，丁肇中非常享受这种半描绘半想象的交

第四章 后起之秀

流。就这样他和科科尼教授之间的感情慢慢地建立起来，交流也变得越来越多。

过了一段时间，丁肇中找到科科尼教授，提出自己很想亲自做一项实验的要求。这样的要求几乎没有人提过，因为即便提了也基本上得不到导师的允许。可是丁肇中非常幸运，因为他平时的表现，科科尼教授不但很爽快地答应了，还给了他一些具有建设性意义的指导。

丁肇中进行的是质子与质子碰撞的散射实验。这是一种典型的高能物理实验，要求实验者熟练掌握加速器的复杂技巧。由于丁肇中此前已在劳伦斯–伯克利国家实验室使用过加速器，再加上在尼文斯实验室的经历，操作起这里的巨型质子同步加速器可谓得心应手。在这次实验中，丁肇中卓有成效地研究了高能物理，并且发表了一些具有重大科学价值的论文，更为重要的是，他提高了自己的科学实验技能，从科科尼教授那里学到了很多之前不知道的知识，同时还和那里的很多同事结下了深厚的友谊，这些都为他以后取得更大的成就奠定了坚实的基础。

3

重返哥伦比亚

1965年春天，丁肇中在欧洲核子研究中心的任期结束，于是带着妻子重回美国。当时，哥伦比亚大学开出了不错的条件，让他来做物理学讲师。丁肇中思考后带着妻子，再次回到那个熟悉的地方。

丁肇中到达哥伦比亚大学却不由地惊呆了。他离开一年多，学校发生了天翻地覆的变化：除了原来的物理学巨匠外，又有很多世界知名的物理学家加盟了哥伦比亚大学，如李政道、莱德曼、施瓦茨、斯坦博格、拉比等。

为了向这些大师学习，丁肇中与前辈们进行了充分的接触，了解他们的经历、对科学的态度、研究科学的方法等。在这期间，他和李政道成了好朋友。

丁肇中传 DING ZHAO ZHONG ZHUAN

058

李政道1926年11月25日生于上海。他自幼酷爱读书，整天手不释卷，连去卫生间都带着书。抗战时期，李政道辗转大西南求学，一路上衣服丢得精光，书却一本未丢，还越来越多。

1946年，20岁的李政道到美国留学，当时的他只有大二学历，但是经过严格的考试，竟然被芝加哥大学研究生院录取了。三年后便以"有特殊见解和成就"通过博士论文答辩，被誉为"神童博士"。

科学上早慧的李政道，30岁便升任著名的哥伦比亚大学教授。1956年，李政道和杨振宁提出的"李–杨假说"——在基本粒子的弱相互作用中宇称可能是不守恒的，这被吴健雄用实验证实，从而推翻了过去在物理学界被奉为金科玉律的宇称守恒定律，为人类在探索微观世界的道路上打开了一扇新的大门。因此，李政道和杨振宁荣获1957年诺贝尔物理学奖。

1997年5月30日，李政道在北京的一次演讲中这样说道："在物理学中，宇称守恒意味着左跟右是对称的。""假如有两个系统，开始时互为对方的镜像，就是说它们的动态是完全是一样的，只是左跟右不一样。宇称守恒是指，除了左右不一样以外，它们以后的发展应该完全一样。""1956年我和杨振宁在理论上假设了宇称不守恒。1957年吴健雄的实验结果表明，宇称守恒的观点与自然现象是不符合的。"

即使已经十分佩服，那个时候的丁肇中也没有想不到，李政道教授会做出让他更敬佩有加的事情：

李政道关心中国科学事业的发展，1974年5月30日受到毛泽东主席接见时，他建议在中国科技大学开设少年班，得到采纳。后来又建议设立国家自然科学基金、建立博士后制度、建造北京正负电子对撞机、成立中国高等科学技术中心和北京近代物理中心……这些建议都——得以实现。1985年7月16日，邓小平会见李政道时，对他说："谢谢你，考虑了这么多重要的问题，提了这么多好的意见。"

1998年1月23日，李政道将毕生积蓄30万美元，以他和他已故夫人秦惠（竹君）的名义设立了"中国大学生科研辅助基金"，资助北京大学、复旦大学、兰州大学和苏州大学的本科生从事科研辅助工作。李政道为了中国教育事业的发展，为了科学事业后继有人，真是用心良苦，竭尽全力。

此外，哥伦比亚大学的莱德曼、施瓦茨、斯坦博格、拉比都是享有世界声誉的物理学家。他们不仅才华横溢，而且各有其独特的研究风格和创造性的见解，哥伦比亚大学将这些卓越的人聚集在一起，一时之间百花争艳、百家齐鸣。

看着人才济济的哥伦比亚大学，丁肇中心里忍不住窃喜，因为他明白，这些世界顶尖的物理学专家必定有值得自己学习的地方，正所谓"三人行，必有我师焉"，丁肇中每天都穿梭在这些前辈的办公室之间，汲取他们的智慧营养。他竭尽全力和这些大师接近，和他们一起共事，一起讨论、研究最新的物理学问题，这些讨论和学习，使丁肇中很快走到了物理学研究的前沿。

在这一年的时间里，丁肇中在大师们的指导下做了很多实验，在实验中得出了很重要的科研成果。如丁肇中在莱德曼教授的指导下，与组内的多尔凡、伊兹、李昭辉等其他科学研究工作者合作，在实验中发现了由一个反质子和一个反中子构成的反氘核，这是人工造出的第一个反核素。当时，有影响的媒体如《物理周刊》《纽约时报》《新闻周刊》等对丁肇中等人的这一实验发现做了重点报道。丁肇中等撰写的论文《反氘核的观察》发表在1965年第14期的《物理论快报》上。

由于丁肇中在哥伦比亚大学的成绩颇为出众，仅仅工作半年多，就由原来的讲师提升为助理教授，这意味着丁肇中成长为一个会提出问题的科研工作者了。提出问题是丁肇中从小就很喜欢做的事情，因为他善于动脑子，喜欢对不懂的问题刨根究底，他所提出的问题，有时候连大学里的资深教授都很难回答，正因为如此，丁肇中经常被划入"不太受欢迎的学生"行列。可是他并没有因为老师的不喜欢而磨灭自己追根究底的行为，而是一直保持了下来，这对他以后成为优秀的科学家起了重要作用。

就在丁肇中如沐春风般地追随着大师们的脚步，孜孜不断进取时，一个意外的机会降临了。那天，他和往常一样早早地来到实验室准备一天的实验，突然，他的一个同事兴匆匆地拿着一个信封冲进了实验室。这封信是从联邦德国的汉堡寄来的，丁肇中拆开一看，里面是一封邀请函，是联邦德国汉堡电子加速器研究中心的主任延奇克邀请丁肇中去主持一项用电子和正电子碰撞制造重光子的实验。看完邀请函，丁肇中兴奋不已，要知道，研究实验物理学这么久，这可是第一次有机会主持一项这么重大的实验，这对于自己来说，无疑是一次巨大的挑战。丁肇中骨子里有股不服输的精神，在遇到困难、挑战的时候，他喜欢迎难而上。更何况，这除了是一次巨大的挑战外，更是一次难得的机会。丁肇中毫不犹豫地答应了。

联邦德国电子加速器研究中心是位于德国汉堡的一个高能物理研究机构，也是世界著名的高能加速器中心之一。它的研究设施主要为来自国内外的高能物理学家和同步加速器放射物的使用者服务。

此研究中心最核心的部分，是一条离地面20米深的长长的隧道，这条隧道直径5.2米，长6.3千米，里面有各种各样的先进设备。不过，这个研究中心之所以著名，不光因为这里面的硬件设备先进，更因为这里的软件设备也非常优秀。当时的研究中心约有1300名职工，其中1000人是长期任职的，有900名来自外国和联邦德国各研究所的客座科学家。他们中间有一半是高能物理学家，另一半是从生物学到固体物理等不同专业的科学家。现代科学冲击着每一个宁静的角落，研究中心以它先进的设备和成功的管理，吸引了世界上众多的杰出科学家，使来自不同国度、不同方向的学者聚集到了一起，这些科学家长年累月地埋头苦干，用一次又一次地实验探索世界的奥秘，给人类的发展带来了巨大的贡献。丁肇中对这些物理学前辈感到由衷的敬佩，他暗暗下定决心，自己一定要发奋工作，成为值得骄傲的一员。

就在丁肇中准备收拾行囊，飞赴德国的时候，一件意想不到的事情发生了，打破了丁肇中的预定行程，他前往联邦德国汉堡电子加速器研究中心的计划就此耽搁了下来。

究竟是什么事情把丁肇中这个美好的计划给打破了呢？

1964年，哈佛大学一位有名的教授在电子加速器上完成了一个利用光子碰撞原子核而产生电子——正电子对的实验，测量到了电子的直径，实验结果表明，量子电动力学是错误的。1965年，康奈尔大学的物理学家也成功地做了类似的实验，宣称所得的实验结果与哈佛大学教授们得到的结果是一致的，说明量子电动力学的理论是错误的！整个粒子物理学界被这个消息震惊了，丁肇中也不例外，人们纷纷开始对量子电动力学的理论产生质疑。

冷静下来的丁肇中并没有被这个消息冲昏头脑，他的第一反应就是这些实验出现了致命的差错，或者就是这些实验的数据都不准确。量子电动力学是丁肇中从大学时期就开始接触的学科，在父亲送给自己当圣诞礼物的那本《量子电动力学》的书上，丁肇中就曾经被其中的完美性所吸引，可是现在的实验却证明，这个理论是错误的。好比你曾经吃过一样美食，被其中的美味所吸引，可是若干年以后，却有人告诉你，那样美食是用垃圾做成的，根本就不能吃。这种痛苦是可想而知的，但是丁肇中没有沉浸在痛苦之中，而是积极地进行了思考：到底是谁错了呢？是哈佛大学的教授，还是量子电动力学理论？

冷静下来的丁肇中决定推掉联邦德国汉堡电子加速器研究中心的邀请，腾出时间，亲自做实验检验量子电动力学理论的正确性。

哈佛大学教授和康奈尔大学的物理学家所做的实验都是类似的，而得出的结果也是类似的，丁肇中敏锐地察觉到肯定是这两次实验的方法不对才导致结果不对，如果自己想要有所突破，就必须另辟蹊径，从另一个角度出发，用一种更加巧妙的方法来验证，可是又该用什么样的方法呢？丁肇中陷入了冥思苦想中。

突然有一天，他在图书馆查资料时，被著名的粒子物理学家德雷尔教授1958年发表在《物理学年鉴》的一篇论文吸引了。在这篇文章中，德雷尔教授系统地分析了在高能加速器上各种检验量子电动力学的方法和意义。丁肇中通过分析，发现其中一种方法比其他方法更有效，但是德雷尔教授在文章中只是简单地提了一下，因为计算太复杂，没有展开详细说明。丁肇中和他的朋友布罗斯基一起，完成了这次复杂计算。再经过一段时间的研究和思考，丁肇中终于完成了一项检验量子电动力学新方案的设计。

4

20美元赌金

出于谨慎考虑，丁肇中和朋友布罗斯基将拟订好的实验计划送给莱德曼教授，请求莱德曼教授给予进一步的指导，莱德曼教授看到这个计划不仅没有给予进一步指导，反倒是给他泼了一盆冷水。原因很简单，丁肇中要进行的这个实验有很大的困难：第一，这个实验计划需要很多钱，当时在美国无人愿意支付这笔巨款；第二，这个实验需要使用很好的电子仪器设备，是丁肇中从来没有使用过的；第三，这个实验在短期内无法完成，至少需要花三四年时间才能获得结果。

出于善意的劝说，莱德曼教授对丁肇中说："我作为一个老一辈的科学工作者，并不希望你在这件事情上花费三四年时间，青春年华对每个人来说是十分宝贵的，说不定你花上三四年也难以得出理想的结果。"

可是丁肇中却不认同莱德曼教授所说的，他觉得人一辈子，能干多少事情就干多少事情，无论这个事情是大是小，只要值得自己去干，哪怕需要花费一辈子的时间都可以。再说，这个实验根本就不需要那么长的时间，如果一切顺利，1年就可以完成，并得出正确的结果。于是丁肇中对莱德曼教授说："我只需1年时间就可得出正确的结果。"

莱德曼教授听了丁肇中的话，觉得这个年轻人肯定在说大话，可是丁肇中坚持自己说的是实话。在双方都劝说不了对方的情况下，莱德曼教授提出和丁肇中打赌，如果丁肇中能在一年时间里完成实验，那么自己将输给丁肇中20美元。相反，如果丁肇中没能在一年时间里完成实验或者没能得到正确的答案，那么丁肇中就输给莱德曼教授20美元。丁肇中毫不犹豫地答应了，他坚信，自己肯定能顺利地完成实验，赢得莱德曼教授的20美元。临出门前，莱德曼教授拍了拍丁肇中的肩膀，说了一句话："年轻人，赶紧想想怎么挣20美元来还债吧！"

丁肇中并没有被莱德曼教授的话吓住，他相信只要自己坚持努力、认真细致，就一定能办到。于是丁肇中和朋友布罗斯基离开了莱德曼教授的办公室，开始重新寻找出路。晚上，丁肇中回到公寓，继续思考这个问题。突然间，他看到了办公桌上放着的联邦德国汉堡电子加速器研究中心主任延奇克教授的邀请书，就立刻想到自己可以利用这个机会进行实验，并且实验费用也可以不用自己想办法。

说干就干，丁肇中连晚饭都顾不上吃，连忙给两个人写了信，表达了自己的想法和所要达到的目的以及意义。这两个人分别是联邦德国汉堡电子加速器研究中心的主任延奇克教授和韦伯先生。韦伯先生曾经和丁肇中一起在欧洲核子研究中心工作过，他现在正在联邦德国汉堡电子加速器研究中心工作。

很快，延奇克和韦伯回信答应了丁肇中的要求，并且力促其从速进行这项实验，丁肇中接到这个消息，真是喜出望外，他立刻让自己的妻子为自己准备行李，恨不得马上就飞到电子加速器研究中心进行实验。

1965年10月，丁肇中离开了哥伦比亚大学，登上了飞往汉堡的飞机。他此行的目的不仅仅是要做一个实验，更重要的是要维护量子电动力学的神圣地位，同时也给自己一个实践的机会，让自己这几年来所学的才华得到施展。

到达研究中心的第二天，丁肇中就开始投入工作，他组织了一个实验小组，研究中心还特地给他配备了几个年轻的助手。

实验开始了，正如莱德曼教授所说，整个过程非常困难，特别是对丁肇中这样还不会熟练使用电子加速器的人来说，更是难上加难。不过，尽管丁肇中还是个高能物理学新手，可他绝对不是外行。他凭借自己好学和能学的能力，迅速掌握了加速器的使用方法。他非常珍惜在这里做实验的机会，夜以继日地工作，每天只有三四个小时的休息时间，特别是在读取数据的时间里，丁肇中完全没有时间回公寓睡觉，只能在技术厅的桌子上趴一会儿。虽然丁肇中自己似乎不知疲倦地工作，但是他却特别心疼自己的组员，经常让他们抽时间休息，还专门找机会请他们吃饭、游览，嘱咐组员要劳逸结合。

为了克服实验中遇到的一系列问题，丁肇中不仅要完成自己设计的实验，还要设计制造各种各样的计算器来获取实验数据。经过8个月的艰苦奋斗，丁肇中领导着自己的实验小组克服了这些困难。

1966年7月，丁肇中设计的实验最终完成。在实验中，丁肇中率领着自己的实验小组进行了很多检验，改变实验条件、电子学条件……所得到的结果都是一致的。根据实验结果，丁肇中得出结论：至少在10～14厘米范围内，量子电动力学理论是完全正确的，哈佛大学和康奈尔大学的物理学家所进行的实验本身有误差，不可靠。

　　就在丁肇中得出实验结论的时候，国际高能物理学术会议在斯坦福直线加速器中心召开。这次会议着重讨论量子电动力学理论正确与否，与会者都是世界各国有声望的资深物理学家。

　　丁肇中闻讯，立即从汉堡赶到斯坦福直线加速器中心。他请求会议主持者、斯坦福直线加速器中心主任潘诺夫斯基允许他占用10分钟时间就他的实验结果向与会者做报告。尽管当时丁肇中在物理学界还没有什么名气，但潘诺夫斯基看了丁肇中的实验报告后，很高兴地同意了他的请求。短短10分钟时间的陈述，凝聚了丁肇中和他实验小组8个月的心血，同时平息了近代物理学史上关于量子电动力学的风波，维护了量子电动力学的神圣地位！

　　1967年1月9日，丁肇中将这个实验结果写成论文——《短程量子力学的有效性》，发表在第18卷第2期的《物理评论快报》上。在文章上署名的，除了丁肇中之外，还有他的实验组的成员：德意志电子同步加速器研究中心的阿斯伯里、伯特伦、贝克尔、朱斯、罗德、史密斯，哥伦比亚大学物理系的弗里德兰德、C.L.乔丹。

　　丁肇中的实验结果公布以后，莱德曼教授主动履行了自己的诺言，亲手将20美元送到丁肇中的手中。

　　丁肇中在这次实验中赢得的不仅是20美元，还赢得了更高的国际声誉，从这次实验开始，丁肇中成了实验物理学界很有影响力的科学家。父亲丁观海在回忆丁肇中这一成就时曾说："1966年7月，他澄清了以往不能澄清的问题，因此树立了他在国际实验物理学界的地位，也和联邦德国汉堡德意志电子同步加速器研究中心有了密切的关系，受到了特别的礼遇。到现在，还为他保留了'客座'的待遇。"

　　其实，丁肇中在这次实验中还得到了一个非常好的回报，那就是他得到了自己的得力助手陈敏博士。陈敏是中国台湾东海大学的毕业生，当时正在加州大学伯克利分校攻读博士学位，已经开始写博士论文了。陈敏在斯坦福直线加速中心会议现场听报告时，第一次和丁肇中见面，丁肇中的报告给他留下了深刻印象，他决定毕业后要跟随丁肇中从事高能物理实验研究工作。于是，陈敏给丁肇中去了一封信，介绍了自己的情况和特长，表达了自己的想法。丁肇中收到信后，想到法拉第。他为陈敏的热情感动，很快给他回了信。就这样，陈敏成为丁肇中主持的实验组的成员，并在后来的工作中做出了出色的成绩。

维护量子电动力学地位的实验完成后，丁肇中越发感受到实验数据的重要性，如果没有正确的实验数据，实验的全部意义将丧失。丁肇中在后来所有的实验中，都遵循了这个原则，这也是他能在后来的高能物理界脱颖而出的原因之一。

⑤

进入麻省理工

丁肇中凭借认真细致的实验，维护了量子电动力学的神圣地位，开始在高能物理界展现出自己非凡的才华。国际物理学界、美国的研究机构和大学纷纷发出聘书邀请他来就职，甚至声称只要丁肇中愿意前来就职，薪酬随他开。面对纷至沓来的聘书，丁肇中并没有放松工作，还是继续专注于自己的研究。

1967年夏天，丁肇中应邀到斯坦福大学就验证量子电动力学的实验结果作专题演讲，与会者都是高能物理学方面的权威，对丁肇中的报告关注至极也挑剔至极。面对众多权威，丁肇中凭借精确的实验数据和规范的操作程序说服听众，向权威学者展现出自己实验物理方面不凡的才华和能力。演讲中，丁肇中阐述了多年从事实验物理取得的成就和积累的经验，对未来高能物理学发展提出了哲理性的预见。演讲获得巨大成功，得到了专家们的一致好评，与会者评论说："丁肇中是一位思想活跃、勇于赶超偶像的年轻人。"

丁肇中的骨子里有一种不盲从权威的精神，他更相信自己的实验和数据，而不是书本或者某位权威。丁肇中曾说："不论反对意见是多么的不可一世，我始终坚持我的科学追求。"

丁肇中在实验物理方面所取得的成就使哈佛大学、麻省理工大学对他产生了浓厚的兴趣。

哈佛大学被称为世界第一学府，是美国最早的私立大学之一，是以培养研究生及从事科学研究为主的综合性大学，前身为哈佛学院。哈佛大学创建于1636年，那一年10月28日马萨诸塞海湾殖民地议会通过决议，决定筹建一所像英国剑桥大学那样的高等学府。1638年，这所建在马萨诸塞的学校正式开学，第一届只有9名学生。

1638年9月14日，牧师兼伊曼纽尔学院院长约翰·哈佛病逝，他把一部分遗产和400余册图书捐赠给这所学校；1639年3月13日，马萨诸塞海湾殖民地议会通过决议，把这所学校命名为"哈佛学院"。在建校的最初一个半世纪中，学校体制主要仿照欧洲大学。1721年正式设立神学教授职位；1727年设立数学和自然科学教授职位；1780年设立医学教授职位，同年扩建成哈佛大学；1816年成立神学院；1817年成立法学院，以后各学院相继在19世纪成立。

说起哈佛大学，人们不禁会想起麻省理工学院，这两所大学一直是竞争对手，不仅竞争优秀的学生，像丁肇中这样优秀的老师也要竞争。

麻省理工学院是美国培养高级科技人才和管理人才、从事科学技术教育与研究的一所私立大学。1865年创建于波士顿，1961年迁到坎布里奇，直至现在。虽然后来增设了人文、社会科学等科系，但学院仍保持纯技术性质的特色，主要培养工程师和技术人员，其办学方向是把理论科学和应用科学的教育与研究结合起来。麻省理工学院学风严谨，以"酷""严"著称，学生时间紧、任务重，很多学生一直到毕业也未曾跨过波士顿大桥一次，因为要想拿到学位，并非一件容易的事情。因此，学生们将深红和灰色的学校建筑喻为"染满鲜血的混凝土"。

在麻省理工学院，传统的教学方法是没有市场的。这里的学生性格外向开放，思维敏捷活跃。在美国，有人称麻省理工学院为"疯癫精神病院"。对不知内情的人来说，第一印象或许如此。然而，麻省理工学院的最成功之处在于它独特的教育方法。它"最基本的注意点是研究，即独立地去探索新问题"。例如，有一门课是这样进行的：学生们每人得到一个装满弹簧、电机等元件的箱子，课程要求简单而明确——自行设计装配一台机器。恰恰是这种奇异、古怪、与众不同的教育方法，造就了一大批献身教育事业、顽强拼搏且成就卓著的科学家。也正因为如此，才使麻省理工学院成为全世界有志青年热衷向往的"麦加圣地"。

麻省理工学院的教育与科研经费充足，在电子学、核科学、航空和航天学、计算机科学、光谱学、生物学、化工、造船学方面均取得了重大科研成就。在生命科学、地学、材料科学和通信等跨学科领域进行了大量研究工作，打破了传统学科的界限，为美国的企业界、科学界培养了大量人才。美国工程教育学会执行主任威伦布罗克曾经说："如果麻省理工学院忽然消失，国家安全堪忧。它是工程的IBM。"

麻省理工学院的师资质量和水平是一流的。拥有几十位教师是国家工程科学院院士、国家科学院的成员，有数百位教师是美国艺术科学研究院成员，也有十几名教师曾经荣获国家科学勋章。由于有这一支杰出的教师队伍，麻省理工学院不仅在教学和培育高质量人才方面取得了优异的成绩，在科学研究方面也处于举世瞩目的地位。

面对两家世界顶级学府的聘书，丁肇中一时犯了难，不知如何选择。这时，他家里迎来了一位贵客——美国麻省理工学院派来的韦斯科普夫教授，他此行的目的非常简单，就是要劝说丁肇中加盟麻省理工学院。韦斯科普夫是著名的物理学大师，同时也是麻省理工学院的资深教授，能得他亲自邀请的物理学新秀没有几个，丁肇中是其中之一。

韦斯科普夫，1901年出生于维也纳，1934年获得德国格丁大学博士学位，1937年移居美国。1961—1965年期间，他曾经是欧洲核子研究中心总主任；1946—1960年和1965年以后担任麻省理工学院教授。他一生主要从事核物理学、粒子物理学、量子电动力学等方向的研究。1931年，他在当时的科学中心之一、德国西部的古城——格丁根，与一个叫维格纳（因发现粒子的对称性及原子核中支配质子与中子相互作用的原理而获得1963年诺贝尔物理学奖）的物理学家共同研究了原子中电子的发光过程，并且两人合作写了一篇关于光谱线自然宽度的文章。3年后，他又与另外一个叫泡利的物理学家共同论证了有关反粒子的理论：即使不假设粒子形成稳定的负能量粒子海，也可以假设粒子有相应的、不必像正电子那样被视为空穴的反粒子。这个论证使人们懂得了每类粒子都有相应的反粒子，正、反粒子的质量相同，电荷相反，并且有其他相似的物理守恒量。

1936年，韦斯科普夫开始研究原子核的有限大小对超精细结构的影响，并且分析了与原子发光过程及吸收理论有关的电子自身电磁能量为无限大的难题，在核理论中引进了温度和蒸发的概念，从而成为原子核统计理论的创始人之一。1943年，韦斯科普夫参加了曼哈顿原子弹研究计划，进一步发展了核反应的统计理论。此后，在粒子理论研究中，预言了新粒子的存在，发展了介子与质子、质子与质子的碰撞理论。1954年，他研究了核反应的光学模型，指出了量子电动力学中发散的对数性质，对电动力学中质量和电荷的重正化问题做出了贡献。

面对这样高级别的邀请，丁肇中答应了韦斯科普夫的邀请，决定加盟麻省理工学院。其实丁肇中加盟麻省理工学院不单单是因为韦斯科普夫的邀请，更重要的是他看到麻省理工学院的实力和条件。

丁肇中选择到一个地方工作，首先看对方所提供的实验条件，而不是普通人所关注的金钱、名利。他曾经说过："搞自然科学要竞争，却不能为名、为利，要有探索物理世界奥秘的那股劲，也就是说，要有事业心。"

麻省理工学院这次开出的条件是答应为丁肇中建立一个研究小组，并且还同意他把在德国加速器研究中心的研究小组请到麻省理工学院。在这个小组里面，云集了一批富有才华的年轻物理工作者，这对丁肇中来说无疑是非常重要的。

就在丁肇中加盟麻省理工学院的时候，他惊奇地发现，此时的麻省理工学院已经在工程技术方面做出了许多开创性的贡献，自己所取得的成绩和这些已经取得的贡献相比，仅仅是九牛一毛。

19世纪90年代，麻省理工学院的教师就首先研究并奠定了粮食热辐射存贮的现代科学基础。

1900年，美国的第一个物理化学实验室首先在麻省理工学院建立。

1923年，诺伯特·维纳在他的"微分空间"的论文中，建立了现代随机过程的数学基础，这是在控制理论、滤波器、预测预报理论等方面已经被广泛应用的理论。后来，他将这些成果和自己研究的信息与通信过程等一一合并撰写成一本里程碑式的著作——《控制论》。

第二次世界大战中，麻省理工学院的科研人员还根据战争的需要，研究大量生产汽油的方法，研制飞行器控制、武器瞄准器，等等。

1946年，麻省理工学院就开始进行低温物理学的广泛实验研究。

1947年，柏翠克·赫莱领先开始了确定地壳年龄和起源的研究，他的研究由于与地球板块理论有密切的关系而被广泛承认。

1950年，杰·弗里斯特发明了磁芯存储器，使得高速的数值计算机——旋风计算得以真正运转，并成为美国半自动地面防空警备系统的关键设备。

1951年，尤·温·李和杰罗姆·维斯勒在信号检测和分析方面，开发和应用了自相关方法，这项成果可以用于探测雷达信号自月球返回地面的种种科学实验，并且仍是目前进行距离通信，包括进行空间探索的主要方法。

1957年，经过9年的研究，约翰·C·萨翰汉首次完成了盘尼西林的化学合成。同年，随着《句法结构》一书的出版，罗姆·乔姆斯基促进了人们对说话掌握语言用词造句和理解句子的词汇的能力的了解，这一成就，被认为是20世纪语言学的最主要的成就之一。

1958年，弗农·英格拉姆完成了证实个别基因缺陷是引起血红蛋白分子变态和伴随镰状细胞贫血的原因的工作。同年，布鲁诺·罗西和希尔伯特·布里奇开创了空间研究课题，直接导致发现X射线，并且首次实测了太阳风。

1959年，杰罗姆·莱蒂文的关于感觉和动物行为的研究，导致发现了"特性探子"，对人们了解直观感觉过程提供了关键性的阐释。同年，琼·麦卡锡制定了LISP语言，这是一种进行人工智能研究的主要语言。

20世纪60年代，麻省理工学院的教学和研究人员研制了阿波罗登月装置的惯性制导系统，绘制出脑结构和功能在细胞水平上的图形，出版了《步进人工智能》一书，研制成功相容的分时系统计算机——后来成为人机对话的主要工具，完成了非弹性电子的散射实验——这有助于建立基本粒子的夸克模型，开始研制用于治疗烧伤病人的人造皮肤的工作等。

丁肇中承认了自己和这些大师之间的差距，但是他相信，只要给他一点时间，他完全可以取得更大的成就。就是凭借着这股信念，丁肇中勇敢地投入新的研究之中。功夫不负有心人，1967—1968年他被聘为副教授。1969年，作为粒子物理实验组主任，他开始升任为教授。1977年，他被任命为麻省理工学院托马斯·达德利·卡伯物研究所物理学首任教授。

丁肇中在麻省理工学院取得的成绩是有目共睹的，如果说当初丁肇中以自己加盟麻省理工学院为荣的话，那么，今天曾经取得过无数辉煌成绩的麻省理工学院将以丁肇中为荣，就如同丁肇中所在的物理系核能研究所所长柯尔教授曾经说过的一样："作为一位世界杰出的物理学家，丁肇中在这里工作，我们感到很自豪，他是麻省理工学院的骄傲。"

第四章

后起之秀

第五章

FAXIANLIZI

发现粒子

1

带颜色的雨滴

加盟麻省理工学院之后，丁肇中如鱼得水，不仅筹建了自己的研究队伍，也拥有了雄厚的资金支持，他一直感兴趣的重光子终于可以进行研究了。为了能让丁肇中有更多的时间、更好的条件进行研究，麻省理工学院做出了很大的努力。他们免去了丁肇中教普通本科生的教学任务，平时也不让他参加一些并不重要的会议或者是演讲活动，让他省下更多的时间来研究重光子；学院物理系还向丁肇中推荐各式各样优秀的物理学人才，以便扩充他的研究团队。

这个时候的丁肇中在物理学上的研究已经颇有名气，在麻省理工学院的推荐下，一大批优秀的物理工作者来到丁肇中的办公室，争相要求加入丁肇中的研究小组。丁肇中态度严谨，本着"宁缺毋滥"的原则挑选所需要的人才。

据一些知情人士讲，丁肇中在挑选人才时，并没有安排什么特别的笔试，而仅仅只有面试。他一般会和应试的人先做半小时的谈话，考察对方的专业、学历等情况，考察合格的先试用一段时间，再审核动手能力和解决实际问题的本领。他认为，只有那些既有好的理论基础，又具备动手能力的人才能在他的实验组待下去。就这样，一些理论知识丰富，可是技术上不怎么熟练的人都被丁肇中挡了回去，留下来的都是既有丰富的理论知识，又实验动手能力强的人。丁肇中曾说："我的生活就是工作、工作、再工作。对于我的小组，我尽量挑选那些也喜欢刻苦工作的人。"

丁肇中将选中的组员分成两组进行实验，一组在联邦德国，一组在美国。据丁肇中介绍，这样做有个好处就是组员和组员之间不能进行有效的沟通，也就减少弄虚作假、偷懒取巧的事件发生。要知道，一项实验，通常要花费不少资金，如果组员之间进行数据互通、弄虚作假的话，实验的正确性就得不到保障，更不用说什么突破性的发现。

丁肇中曾经对自己的组员说：科学上的发现，都是通过努力工作得来的，极少靠运气。再说像高能物理实验这种耗资巨大的大规模研究工作，有哪一个财神老爷让你动辄花上百万美元去碰运气呢！所以，你们在我这里工作，就必须遵守我的规矩：准时上班，认真工作，各组要分头实验，直接向我汇报，组与组之间不得相互联系，以免影响实验数据的可靠性……

如此一来，丁肇中为了指导两个实验组齐头并进，不得不在美国与联邦德国之间飞来飞去，时间一长，对丁肇中的身体影响非常大。丁肇中为了实验的准确性，坚持两地奔波。

自1966年以来，丁肇中在粒子探测的道路上艰辛地跋涉了5年，他时常奋战在仪器旁，甚至将实验室当成卧室，每隔两星期他才能回家一次，看望自己的妻子和两个可爱的女儿。每次丁肇中回家，都是妻子和女儿最开心的日子，有时丁肇中为了实验晚了一点回家，妻子就会带着女儿在路口翘首以盼。丁肇中总觉得自己很对不起妻子和女儿，没有尽到一个丈夫、父亲的责任，可是无奈丁肇中为了勇攀科学的高峰、解决全人类的难题，不得不牺牲小我。

除了科学至上，丁肇中的坚持也是为了实现心中念念不忘的实验计划。丁肇中和他的实验组想要发现新的重光子。

普通人或许还不知道什么是重光子，对于丁肇中来说，那却是他梦寐以求的东西。重光子大多数都是"短命鬼"，存在的时间非常短，只要一产生就会立即消逝，如果不是整天盯着仪器，即便是出现上百次，也发现不了它的踪迹。因此，"捕捉"到重光子是一件特别困难的事情。为了不错过它出现的时间，只要实验一开始，就必须不间断地进行观察，常常是看到眼泪都流了出来。为此，丁肇中和他的组员们轮流值班，废寝忘食、夜以继日地连续工作，不愿错过任何观察到新粒子的时机。

当年，丁肇中第一次接触电子加速器的时候，佩尔教授带领着自己的实验小组就是不分昼夜地守候在仪器旁，等待着奇迹出现的那一刻。现在，这里的领导人是丁肇中，他也和当年的佩尔教授一样，要求自己的组员无论如何都要死死盯着仪器，一刻都不能放松。

10天过去了，没有什么收获……

20天过去了，没有达到预期目标……

30天过去了，还是一无所获……

1年过去了，依然一无所获……

……

丁肇中为了使实验更加准确，期间不断调整自己的实验方案，对实验程序和仪器也进行相应调整，可是几年时间很快过去了，计划中的重光子还是没有出现。不过在连续几年的实验中，丁肇中的实验小组还是做出了一些成绩：

他们用能量很大的光束轰击原子核，制造没有电荷的 ρ 矢量介子；他们观察到 ρ 矢量介子、ω 矢量介子之间的相互影响，验证了理论物理学家关于重光子的一些理论；他们测定重光子的耦合常见数据，如同几年前验证量子电动力学正确性的实验一样，这在量子物理学界引起强烈的反应。

这些成绩的取得都是丁肇中带领着实验小组经过一分一秒的观察得出来的。他们把这些发现整理成论文，签署上每个组员的名字发表在世界最权威的物理学期刊上。

在丁肇中测定重光子耦合常数的时候，和当初维护量子电动力学地位的时候一样，与当时权威的理论产生了矛盾。在20世纪60年代后期，美国斯坦福大学和康奈尔大学的教授们，通过实验测定重光子和光子之间的强度，得到的重光子耦合常数是1.2。也就是说，凡是强子和带电粒子作用的话，都要经过重光子。因此，重光子的耦合常数代表着作用力的强度。

可是，丁肇中带领的实验小组经过长期的实验所测得的耦合常数为0.5，与斯坦福大学和康奈尔大学的教授们公布的数据相差一倍以上。

丁肇中在明知道会遭到各界非议的情况下，还是在维也纳召开的一次关于电子和光子的物理讨论会上，公布了他们实验组的数据。

非议如料想中一样纷至沓来，与会的专家个个情绪激动，恨不得命令丁肇中把数据改过来。可是丁肇中没有放弃，他相信自己的数据绝对是准确的，毕竟他和他的实验小组已经进行了很多次精密严谨的实验，得到的结果都是相同的。可是专家们并不认可丁肇中的实验数据，他们认为既然从美国的西海岸到东海岸（指康奈尔大学和斯坦福大学），所测得的结果均是1.2，那么这一结果肯定是准确的。

面对众多的反对意见，丁肇中没有轻易放弃自己的实验结果，而是更细心地再次重复实验，他相信物理上没有真正不变的定律。后来，世界上建成了正负电子对撞机，各国物理学家通过在正负电子对撞机上做实验，获得的都是与丁肇中实验组相同的实验数据。这样，物理学家们终于相信丁肇中的数据是准确的，其在物理学界的崇高地位再一次得到确立。

至此，丁肇中和他的实验小组在基本粒子探测方面，已经在国际物理学界享有很高的声誉了，特别是对实验数据的准确性把握，只要是丁肇中实验小组得出来的数据，就一定是准确的数据。因此，一些国际性的学术会议向丁肇中发出邀请函，请求他去参加演讲。

1969年，丁肇中应邀出席在苏联莫斯科近郊的杜布纳联合原子核研究所举行的基本粒子国际会议，会上丁肇中作了《矢量介子和电磁相互作用》的综述报告。报告中提及的巧妙的实验设计、可靠的实验数据，再一次引起物理学界同行的一致赞叹，丁肇中深知这些大师的赞叹背后，少不了自己实验小组成员孜孜不倦的汗水。

面对物理权威专家的赞叹，丁肇中的心情并没有好到哪里去，他的脑子中一直在思考一个问题：怎么样才能找到新的重光子？只要一有时间，丁肇中就会把自己关在实验室，一遍又一遍地询问自己。

难道是探测器出了问题？不对，探测器已经进行了无数次的检测和改进！

难道是数据出现错误？不对，两组人员的实验数据已经进行了许多次的核对，都没有错误！

难道是世界上就只有这三种已经发现的重光子？不可能，绝对不可能！如果不是，那新的重光子又在哪里呢？为什么5年时间过去了，还是一无所获？难道5年的时间还不能观察到一颗小小的粒子吗？

丁肇中苦恼不已，可是这个小小的粒子似乎是故意和他作对似的，怎么都不肯在研究人员眼前出现。与此同时，让丁肇中更头疼的事情发生了，权威物理界的专家开始质疑丁肇中的实验。有的人说，丁肇中所设想的寻找新粒子的实验是异想天开，已走进死胡同；有的人认为，丁肇中的实验耗资百万美元，是一项费力而无效的工作；一位有名望的物理学家批评丁肇中所设计的非常昂贵的能谱仪只适用于寻找窄共振态，而现在根本没有窄共振态可寻。

更让丁肇中觉得可怕的事情是自己的组员也产生了动摇之心。别人的怀疑可以理解，可若是实验组成员产生了放弃的念头，那带来的危险无疑是非常巨大的，说不定这5年的研究真的会功亏一篑。丁肇中不敢往下多想，他只是希望自己的组员能坚持、坚持、再坚持。

高能物理学的研究就如同是在大海里作业一样，对重光子的研究更是犹如大海捞针，这不仅仅是一项实验，更是一场对意志和毅力的考验。为了打消组员放弃的念头，丁肇中一有时间就给他们鼓劲、打气，和他们说明这项实验的重要意义。渐渐地，实验组成员在丁肇中的鼓励下，重新鼓起了勇气，准备开始新一轮的实验。

可是，就在这个时候，意想不到的事情发生了，丁肇中病倒了。丁肇中在这5年时间里都没有好好休息，经常在美国和德国之间飞来飞去，即使是钢铁，都会因此而磨损，更何况是活生生的人呢？其实丁肇中不仅是这5年来加班加点地工作，他从20岁到密歇根大学之后，就一直处于紧张状态，从准备毕业，到考研、考博，再到工作，丁肇中就像上紧了发条的闹钟一样，每时每刻都在紧张地工作。

身为父亲的丁观海一直很担心丁肇中的身体，时常写信劝说他按时休息，可是身兼数职的丁肇中哪有时间休息啊！他每两个星期才有时间回家去看看老婆孩子，在家待不上两天，又得往实验基地赶，他常常是家里、美国、联邦德国三处奔波，一刻都没有停歇。

1970年春天的一个早上，丁肇中还是像往常一样，早早地来到实验室，可是没等他和助手打声招呼，就感觉到头晕脑胀，浑身脱力，即便是简单的站立，都觉得困难。在组员的劝说下，丁肇中来到医院接受治疗。

第五章 发现粒子

大夫仔细地为丁肇中做了检查，非常严肃地对他说："你早就该来了，竟拖到现在这样子，你怎么一点都不关心自己的身体呢！"

丁肇中的组员正想说什么，却被他给挡了回去。

大夫接着说："像你这样，出于身体考虑，至少得休假一年！"

"什么，休假一年？"丁肇中听到大夫的话，忍不住惊诧地反问。

"怎么，你是觉得多了还是少了？你患的是严重的神经衰弱症，一年只是保守估计，至于到底要多少时间得看你休息得怎么样了，休息不好，可能需要更多的时间，一年半或者两年！"

"可是，大夫，我还要工作啊！"丁肇中一想到自己的工作，揪心得不得了。

大夫没有理会丁肇中的话，直接对他说："你现在就可以回去工作！没有一个健康的身体，你能好好工作吗？"

丁肇中没有办法，他几乎用一种哀求的口吻对大夫说："大夫，难道就没有其他更好的办法吗？还有很多事情等着我去做呢！"

"没有，休息、休息、再休息，除此之外，没有任何办法！"

大夫非常严肃地告诫丁肇中，只有得到很好的休息，他的身体才会好得更快。无奈之下，丁肇中听从了大夫的建议，安排完手头的工作之后，回到了波士顿莱克斯顿的家里。

丁肇中回家后，妻子和孩子非常高兴，虽然知道丁肇中是身体需要，不得不休养，但是对于多年来聚少离多的凯伊和孩子们来说，能有这么长一段时间和丁肇中待在一起还是很开心的。平时因为工作繁忙，他几乎很少和家人在一起。丁肇中自己也曾经幽默地说："在我女儿们的眼中，或许我的生活与社会有所脱节，然而，这并不仅是牺牲的问题，没有人能样样皆能，假如你能在一两件事情上表现卓越，已经是够幸运了。"

在家休养的时候，丁肇中总能得到妻子最体贴、最温馨的照顾，这让丁肇中备感温暖。凯伊虽然是西方人，但却有东方妇女的温柔与贤惠。在家里，她处处尊重丈夫，只要是丈夫的合理要求，她都会尽量满足，比如丁肇中喜欢吃中国菜，凯伊就特地买了菜谱，学着做中国菜。还为了营造温馨的家庭氛围，她也从书籍里学习简单的中文会话，方便和丁肇中交流。为了照顾丁肇中和他的工作，凯伊甚至放弃了自己的事业：凯伊原来是学建筑的，但两个女儿的出生中断了她的学业，等到两个女儿能自己上学了，她才到麻省理工学院攻读博士学位，后来在马萨诸塞州剑桥的一家"巴伦巴福建筑公司"担任设计工程师。但为了让丁肇中有更多的时间从事物理学研究，后来她辞去了建筑工程师的职务，有六七年的时间专门当起了家庭主妇——照顾丈夫，抚养女儿。丁肇中觉得能娶到像凯伊这样的女人是自己一生的幸福，在凯伊无微不至的照顾下，他的身体开始迅速好转。

可是丁肇中在家休养的时候并没有像大夫所建议的那样完全休息，而是利用这难得的时间总结了5年来他们实验探索的经验，回顾了基本粒子研究的历史，并计划下一步的实验安排。他曾说："在休假的一年中，我有机会跟我的朋友进行很多次的讨论，而且有机会仔细回顾一下我的研究小组以前的工作情况，以及阅读有关的新著作，以便考虑在欧洲核子研究中心的高能加速器建造完成时，我们应该做些什么实验。"

1971年春天，经过一年的休养，丁肇中的健康得以恢复。经过一年的思考，他心中有了一个比较成熟的想法，后来与实验组的同事商量后决定：在世界上三个高能物理实验基地同时进行大规模的实验，以寻找新的重光子，于是，他与美籍华人陈敏、余秀兰、梁知杰等人设计了三个实验。一个实验将在汉堡德意志电子同步加速器研究中心进行，任务是寻找0.5GeV~2GeV能量范围内的新粒子；一个实验将在日内瓦的欧洲核子研究中心进行，以捕捉5GeV~50GeV能量范围内的新粒子；还有一个实验，将在纽约的布鲁克海文国家实验室进行，以探测1.5GeV~5.5GeV能量范围内的新粒子。

这项实验的工作量很大。一般来说，每100万次质子碰撞，只能产生一对轻子，而且产生的时间也没有什么规律。因此，必须一天24小时连续开动机器，进行探测。至于要工作多长时间，谁也无法知道，可能需要一个月、两个月，甚至可能是半年或更长的时间。对于这个实验，有人戏讽丁肇中是大海捞针，把整套的人马、全部的经费都投在一个毫无把握的实验上。

丁肇中没有相信这些人的话，而是坚持着自己的工作，他曾经对那些劝说自己放弃的人说过："我不会放弃，即使是波士顿的雨季里，也许这是仅在一秒钟内降下的一颗有颜色的雨滴，我也要把它找出来。"

丁肇中就是凭借着这种不放弃的精神，一直在物理前沿坚持着，坚持让自己的身影站成一片美丽的风景。

②

布鲁克海文实验室

1971年春天快结束的时候，丁肇中又回到了朝思暮想的实验室，立刻着手下一步的实验。经过一年时间的休息，丁肇中感觉干劲更足了，他顶住各方的压力，和同事一起投入紧张的实验当中。

为了给丁肇中更好的实验条件，麻省理工学院不仅给他腾出一幢回旋加速器实验楼，作为实验室工作的大本营，而且实验所需的科研经费也尽量满足。另外，汉堡大学也从学术的角度给予支持，拨给丁肇中实验组一幢招待所供他们使用，甚至布鲁克海文国家实验室也慷慨地答应丁肇中可以在那里进行实验。布鲁克海文国家实验室位于美国东海岸美丽的纽约长岛。在第一次和第二次世界大战期间，此处是"厄普顿营地"——一个士兵训练营。第二次世界大战结束后不久，政府资助了几所东部的大学，并在这里创建了原子核研究中心，那就是后来的布鲁克海文国家实验室。几年之后，政府又在这里建成了第一台质子同步加速器，能量为2GeV~3GeV，这已达到宇宙线粒子的平均能量水平，因此，这台加速器被命名为"宇宙线级加速器"。从此，基本粒子研究摆脱了对宇宙线的依赖。所以，丁肇中要是能在这里做实验，条件可以说是非常优越的。

1961年，布鲁克海文国家实验室又新建了一台能量比第一台质子同步加速器增大了10倍的新型质子加速器（能量为30GeV），简称"交变质子同步加速器"，代号为AGS。AGS的主要部分位于一座地下通道之中，内部有一长串的真空导管和240个外加磁场，而真空导管周围则有无线电频率的加速器，粒子就是在这些导管中受到加速推进，然后以磁场来控制粒子转弯和聚集。在加速到这档能量以后，质子就会被送至打靶处，以超高速度轰击靶子。

由于有先进的实验设备，加之周边环境怡人、风景秀美，布鲁克海文国家实验室成为物理学家的"必争之地"，它聚集了世界上众多希望能通过AGS而发现亚原子世界新奥秘的优秀物理学家，丁肇中就是这些物理学家中的一位。

可是，布鲁克海文国家实验室的负责人鉴于丁肇中曾经获得的物理学成就，推掉了众多的申请，单单满足了丁肇中的要求，答应让丁肇中实验组来此实验。面对这么多人的支持，丁肇中和他的组员再一次感到了身上担子的沉重，如果真的做不出什么像样的研究，对得起这些支持他们的人吗？

但是丁肇中没有把过多的时间浪费在这种担心上，他积极地开始设计具体的寻找粒子的新的实验方案。在一次偶然的机会中，丁肇中发现了斯坦福大学的德雷尔教授和年轻的颜东茂（当时还是一个研究生）所提出的理论设计，其中很多东西都符合丁肇中要进行的实验的要求，于是丁肇中当即决定采用这一方案。

方案问题解决了，可是要实现这个方案并不是一件简单的事情，因为丁肇中所采用的这个方案的工作原理非常复杂：两个高速质子发生碰撞，绝大部分的碎片变成各种各样的强子，但也有可能湮灭成一个虚光子（观测不到的光子），这个虚光子再转变为一对轻子。还有，一个能量足够大的虚光子除了转化成轻子对之外，也有可能衰变成一个重光子，因此只要在无数的乱七八糟的强子对中挑出轻子对来，就有可能根据它们的行为，判断在此以前是否出现过新的重光子。

可是，进行这样的分辨谈何容易，寻找轻子对就已经是一个非常巨大的工作，更别说还要分辨有没有出现过重光子！寻找一对轻子，就如同在拥有100万人的城市中找寻一对双胞胎，可是我们不知道这对双胞胎什么时候出现，在哪个100万人口的城市里出现，出现时是什么样子的，戴着帽子还是赤着脚？这一连串的问题都需要丁肇中和他的实验小组去解决。

也正是因为这个原因，丁肇中和他的实验小组必须保证机器每时每刻都运转着，眼睛每时每刻都盯着。很多人问这样的日子要坚持多久，丁肇中自己心里也没有谱，少则一两个月，多则好几年！

第五章 发现粒子

083

数月甚至是数年都需如一日的重复这种工作，一般人听了心里都会发毛，很多权威的物理学家也一样，他们劝丁肇中放弃这种非常昂贵的实验，让自己的组员好好地休整一下。从丁肇中开始组建这个实验组以来，这些组员都没有好好休息过，也没有多少时间和家人朋友相聚。丁肇中确实觉得对不住自己的同事，但是丁肇中的同事们谢绝了这些人好心的劝告，和自己的领头人一起一头埋进了实验室之中。在进入实验室的那一刻，丁肇中感到自己身上的担子很重、很重，这次实验只能成功，不能失败，成功就是天堂，失败就是地狱！

实验开始之初，丁肇中就从一位著名的物理学家那里知道了一件事：几年前莱德曼教授在布鲁克海文国家实验室的那台30GeV交变质子同步加速器上做过类似的实验，除了看到一点莫名其妙的现象外，什么新粒子也没有找到。为了避免重蹈莱德曼教授的覆辙，丁肇中放下手头的工作，开始仔细地研究莱德曼教授的实验报告。从报告中，丁肇中发现导致莱德曼教授实验失败的元凶不是实验方案，而是探测器，因此丁肇中当即决定，自己设计制造出一台新型探测器。

众所周知，要观察基本粒子，光靠人类的肉眼是不行的，必须借助探测器。探测仪器种类繁多、性能各异，不同的研究有着不同的探测器种类，如威尔逊云室，多丝正比室，等等。丁肇中为了让这个实验得到更好的数据，开始着手制造一台分辨率更高的新型探测器。在实验过程中，丁肇中发现法籍波兰物理学家乔治·夏帕克的多丝正比室和自己所要制造的探测器有点相似，于是丁肇中在实验中也采用了多丝正比室。

多丝正比室是一种用以探测高能粒子位置的、具有多丝结构的气体探测器。1968年，由乔治·夏帕克在火花室和正比计数器的基础上研制成功。它是高能物理实验的主要探测器，由两块做负电极的平行金属网中间夹有做正电极的平行金属丝平面构成一个单元，室中充以氩和甲烷或二氧化碳等混合气体。电极间加直流高压，室中充以氩和甲烷或二氧化碳等混合气体。电极间加直流高压，电压处在正比区。高能带电粒子穿过多丝正比室时，会使路径上的气体原子电离，电离产生的电子在附近某一金属丝的电场中形成雪崩式的电离增殖，其放电的总电量与初始电离中的电子数目成正比，放电形成的负脉冲与该粒子的电离损失成正比。利用专门的电子线路可确定入射粒子穿过室的位置，进一步由多个单元定出粒子的径迹。多丝正比室定位精度高，时间分辨率好，允许高计数率。

20世纪70年代后期，多丝正比室得到不断发展，能对径迹做高精度定位的漂移室就是其中的一项。多丝正比室的定位精度可以达到几百微米，时间分辨率达到20纳秒，其计数率也非常高，最高计数率可达每秒计数100万次。多丝正比室小的可以只做成几十平方毫米，大的可达十几平方米，而且能以模块方式组成所需的各种体积和形状，适应于做不同规模和特点的实验。

丁肇中在制造自己的多丝正比室的时候，所设计和制造的镀金钨丝达到8000根，根根都非常细，并且两根钨丝之间的距离仅仅只有2毫米，因此，实践起来难度非常大。更让他们头疼的事情是实验刚开始的时候，钨丝经常断，几乎是天天断。从几千根钨丝中替换一根断的钨丝往往要比全部新装难很多。刚开始的几天，丁肇中和他的组员还是非常耐心地完成着这项维修工作，可是到后来的几天，丁肇中觉得这样不行，必须找出其中的原因不可。丁肇中怀疑是钨丝本身的问题，于是他们就拿钨丝到化验室的放大镜下去检查，一检查才知道，确实是钨丝出了问题。因为他们用的是镀金的钨丝，而钨丝在进行电镀的时候把镀金层给剥落了，也就是说镀金钨丝根本就没有镀金，而是裸露在空气中，这样钨丝和空气中的水蒸气发生氧化反应，便产生水珠和铜绿，再加以高温就很容易断。

丁肇中和组员夜以继日地将8000根钨丝重新电镀，然后再重新安装。经过改进之后，这些钨丝果然就再也没有这么断过了。

第一道难题解决了，接下来丁肇中实验小组的任务就是找寻实验所需要的屏障物。这项实验是在极高能量的质子轰击之下进行的，这种能量会产生对人体有害的辐射，如果不加以屏蔽，那么实验人员的身体健康将得不到保障，可是要到哪里去寻找这些屏障物呢？要知道，这个实验所需要的屏障物可不是一个小数目，至少需要10000吨以上的水泥、100吨铅、50吨肥皂、5吨铀……丁肇中想着这些数字，陷入了苦恼之中。

一天，丁肇中和陈敏收到哈佛大学剑桥加速器中心送来的请束，邀请他们去赴宴。原来这个加速器中心准备关闭，要举行一次关门宴。丁肇中和陈敏等人欣然赴约。

在宴会开始之前，丁肇中和陈敏等人到后面的实验大厅里转悠，忽然他们惊喜地发现，这里堆放着许多钢筋和水泥，还有钨丝，这些都是他们所急需的屏蔽物。丁肇中找到研究中心主任福西特，提出要借用这些屏蔽物。对方一开始还有些推辞，不过在丁肇中和陈敏的游说下，最后勉强答应将那些对他们已无什么用处的材料租借给丁肇中实验组使用，但有个前提条件，就是要等第二天来取，因为他们的加速器中心要等到第二天才算真正关闭。丁肇中毫不犹豫地答应了。

不久之后，丁肇中就率领着实验人员在布鲁克海文国家实验室的周围紧张地进行实验前的各种仪器安装：中间是探测器，后面依次堆放着钨、铀、铅、铁、铜、钢筋、水泥、皂粉……针对不同的能量产生的辐射，用不同的东西挡住。

下一步就是运用这些探测器进行实验。从1972年夏天开始制造探测器到1973年夏天结束，整整一年的时间，丁肇中和他的实验小组花费了大量的时间、精力和金钱，制造了所有需要的探测器，可是这些仪器在汉堡的实验中心进行实验时，并没有收到预期的效果。非议、批评如雪片般地再次飞来，丁肇中和实验小组再一次经受住了考验，没理会这些非议，而是潜下心来，寻找新的突破口。

转眼间，两个月过去了，实验还是毫无进展，丁肇中再次陷入苦恼之中。

有一天，丁肇中的实验室迎来了一位物理学博士，他请求加入丁肇中实验小组，此人就是布鲁克海文国家实验室的李阳勇博士，丁肇中答应了李阳勇的请求并且寄希望于他身上，希望他能给实验带来突破。李阳勇果然不负丁肇中的厚望，不久之后，他就设计出了一个供实验用的强力质子光束，进行几次实验后，发现实验效果比前一段时间要好很多！

第二道难题解决了，丁肇中和他的实验组又向成功迈进了一大步。新一轮的调试开始了，在调试的时候，发生了意外，一个高压粒子探测器在刚开始调试的时候就发生了爆炸，要知道，这种内部压力很高的探测器爆炸的威力是相当大的。幸好，这次事故造成的损失仅仅是一个探测器，并没有造成人员伤亡，因为爆炸时，所有的工作人员都待在附近的一个实验室里。远在汉堡的丁肇中听了同事的电话汇报后长长地吁了一口气。

终于，在1974年4月，丁肇中实验小组完成了所有的实验准备，真正的实验时刻马上就要到来了，每个人心里都非常激动，几年的辛勤劳动到底有没有成果就看这一次了！

4月初，加速器正式开动。可是加速器开动的第一天，就遇到了意想不到的麻烦。丁肇中刚命令从主加速器引进质子流，计数室的警铃就响了起来，这表明里面有强烈的射线散出。为了保证实验的万无一失，丁肇中下令切断质子流。经过查看，实验人员果然发现计数室已经发射进了强烈的射线，辐射强度已经到了非常危险的程度，如果不进行排除，可能会造成实验人员的身体损伤。

虽然知道计数室有射线进来，可是实验人员并没有检查出射线是从哪里进来的，在刚开始实验的时候，他们已经将屏蔽工作做得够仔细了，这样厚厚的保护层应该是十分有作用的，可是那辐射是从什么地方钻进来的呢？丁肇中和他的实验人员陷入了冥思苦想之中。

正当丁肇中和他的实验组人员百思不得其解的时候，实验组成员之一的贝克尔发现有几组盖革计数器的信号特别强，这就意味着那些致命的射线是从某一方面漏进来的。丁肇中来不及表扬对方就召集实验组成员赶到现场仔细检查，结果发现最重要的区域——粒子束制动器的顶部，根本没有被屏蔽！将这个漏洞堵塞后，计数室的辐射强度才降低到了一个安全值。这样，丁肇中的实验才得以真正开始。

在这一段时间里，丁肇中受到了前所未有的批评和责难，早在1972年丁肇中正式向布鲁克海文国家实验室提出实验申请的时候，就受到了公开的批评和责难。

一位著名的物理学家曾经断言：即使丁肇中的实验能够搞起来，也没有什么价值。因为实验的目的是要寻找长寿命的重粒子，而在丁肇中计划实验的能量区域内，这样的粒子是根本不存在的。

还有一次，一位权威的物理学家参观了丁肇中的工作室，见到陈敏正在试制的具备高分辨的探测器后，大为吃惊，他拍拍丁肇中的肩膀说：

"老兄，你难道连这点常识也不懂，在那个区域，即使有什么新粒子出现，也不过是些宽度很大的粒子，你为什么要花那么大的本钱去搞这种劳民伤财的玩意儿呢？"

丁肇中毫不示弱，他反问说："先生，这不是懂不懂常识的问题，我是不相信理论上的争论的，而是要靠事实来回答。"

事实确实如丁肇中所说的那样，常识就是不经证明而常常被引用的知识，一个人不可不懂常识，但也不能迷信常识。迷信常识，就会错过一些能带来重大发现的机会。历史上这类例子不胜枚举。如当年的欧几里得认为，通过一点只能做一条与另一直线平行的线，这条著名公理，几千年来一直被人们认为是常识，但是后来它被罗马切夫斯动摇了；牛顿力学曾经有"时间是绝对的"这样一个常识，后来被爱因斯坦看出了破绽；宇称总是守恒的，这本来也是一条常识，却又被李政道和杨振宁两位物理学家动摇了。这些例子都表明世界上没有绝对正确的理论，要想验证其正确与否，只能将理论付诸实验，通过实验来验证理论的正确性以及它所适用的范围。

对于这些现象，丁肇中有着自己的见解：

世界上有两种实验物理家，一种听理论物理学家的话，由理论物理学家综合许多实验结果及旧学说，找出其规律性，进而提出新的假说或判断，由实验物理学家们去求证；另一种实验物理学家则是凭自己的科学判断去选择实验。

而丁肇中无疑就是后一种科学家，用自己的实验来说明一切的科学家，这才是真正有所作为的科学家。当年丁肇中在面临当一个理论物理学家，还是一个实验物理学家这两个选择的时候，他的导师乌伦贝克教授就曾经说过这样一句话："在理论物理领域内，只有极少数理论家才是重要的。但是做实验和这个不一样，只要你做出来了一点什么，哪怕是一点点的成就，都是必不可少的。"

从那一刻开始，丁肇中便做好了思想准备，无论遇到什么样的挫折打击，自己都要坚持住，只有相信自己的实验，才能做出一番事业。

③

11月革命

1974年4月底，探测新粒子的实验正式开始，按照丁肇中实验前所拟订的计划，先在能量较高的区域收集一些数据，目的是对整套仪器进行一次大规模的调试，因为这个实验可能会进行很长时间，如果中途仪器出了问题，所有的实验都将要停止，更为可怕的事情是以前所有的实验数据采集都会被迫中断。

因此，实验一开始的时候，丁肇中就对实验组人员下了一道死命令："一定要确保实验所得到的每个数据的有效率接近百分之百。"在以往的研究工作中，丁肇中就是用这种标准来要求自己的，也正因为丁肇中的数据准确，很多权威的物理学家都非常信任他，丁肇中也曾经说过，自己所发表的任何东西，只可能有印刷上的错误。言外之意，自己所得出来的数据是百分之百正确的。

丁肇中和他的实验组成员心里都非常明白，一个准确的数据对于实验物理学家来说是多么的重要，没有准确的实验数据，实验将失去所有意义。这一点，是丁肇中从一个物理学家的身上得到的启发。

那个物理学家曾经告诫自己的学生：实验报告写完放一段较短的时间后，用怀疑的眼光再看一遍，然后再进行最后的润色定稿，这是必不可少的一步。

做实验不比写实验报告，能放置一段时间供自己怀疑。做实验最重要的是抓紧时间，特别是这种高能物理实验，粒子的发生和消失都是在很短的时间里发生的，如果不进行重复实验，就很难得到准确的数据。

可是要做到这一点，谈何容易？丁肇中实验小组为了确保全部探测器均保证近百分之百的有效，在采集数据之前大约花了100小时，然后又花了整整几个月的时间来完成在较高区域采集数据的实验。尽管这个实验被很多人认为是多余的，但丁肇中和组员却不这样认为，他们知道，在实验室，唯一能相信的只有自己的眼睛和双手。

这次实验，丁肇中所采取的具体做法是：将同步加速器中30GeV的质子束引出来轰击铍靶，对轰击后产生的次级粒子，通过偏转磁场进行电荷和动量分析，以确定它们是不是正负电子对。在确认了它们的夹角后，则可按相对论公式计算出它们的有效质量，从多次测量而得到的有效质量分布曲线，就能具体地算出它们湮灭后的产物的质量和寿命，从而判断这种产物是已知粒子还是新粒子。

　　经过一段时间的调试，丁肇中发现，自己所设计的探测器都能很好地完成工作，符合设计之初的要求，每秒钟可以运行1012个质子，小型电子对能谱仪也能正常工作。由于探测器设计得比较复杂，要想真正控制好它们并不是一件简单的事情，因此，丁肇中不得不抽调出6个组员去操纵。三十几摄氏度高温的实验室里，他们一待就是将近16个小时，每天如此，丁肇中更是不分白天昼夜地盯着仪器，熬红了眼睛，累坏了身体……

　　丁肇中从小就养成了坚韧的性格，身体的疲惫对于他来说完全构不成威胁，他甚至还要求自己的组员和自己一样熬夜到天明，好几次，组员都累倒了，丁肇中感到内疚不已。为了提高工作效率和实行轮班制度，丁肇中把人员分成两组，让他们相互竞赛。同时他告诫自己的同事，一定要避免主观性判断，无论得出什么样的结论，都要以实验数据为依据。

　　他们反复在4GeV~5GeV的大质量区域内采集数据，然而，对这些数据进行反复分析，证明只有极少数的电子–正电子对，而没有什么新的粒子。这个时候，有个组员开玩笑地说了一句："看来我们真的是在沙里淘金了……"丁肇中没等他说完，就瞪了他一眼，那个组员立刻明白自己犯了丁肇中的大忌，乖乖地回到自己的工作岗位上。

　　8月底，丁肇中调整搜索的范围，开始向低能量区域进攻。他们调节了磁铁使之接受2.5GeV~4GeV的有效质量，结果计数器接受的信号骤然增加，证明有干净的、真正的电子对。但最令人惊奇的是，电子中正电子对大部分集中在3.1GeV处附近并形成一个窄峰，通过仔细的比较和分析表明，其宽度小于5兆电子伏。

　　"难道是仪器出了问题？"看到这种现象，首先闪过丁肇中脑海的就是出了问题，可是经过检查发现仪器并没有任何问题。这个时候，丁肇中的心开始激动了起来，直觉告诉他，他们一直找寻的奇迹即将发生。他很快控制住自己的情绪，吩咐同事再进行一次实验，再进行一次检查。

实验检查的结果表明，确实在这个能量范围内出现了奇迹：他们找到了新的粒子！

小小的实验室被实验小组的全体成员围了个水泄不通，大家相互拥抱、握手，激动和兴奋禁不住浮现在每个人的脸上。10年的艰辛、10年的劳累顿时被突如其来的喜悦冲散了，那种心情只有亲身经历过的人才能真正体会。10年的辛劳，终于在今天这个平常的日子里，结出了香甜的果实，它的出现让这个平凡的日子开始变得不平凡！

丁肇中在兴奋之余，不分白天黑夜地将这些实验数据绘成图表，这是物理学工作者的一个习惯，因为这样便于观察。虽然丁肇中在之前已经预想到可能有不可思议的事情发生，可是当图表真正地在计算机上被描绘出来的时候，他还是吃了一惊：原来在37亿电子伏特处，出现了一个又狭又高的峰，峰的顶部已经越出了那张图纸，这表明在这个区域，有一个新的重粒子产生，这个粒子度过了相当"长"的寿命后，分解成正负电子对消失了。

可是，按照那些权威物理学家们所认知的常识，这个区域即便出现新的粒子，也是一个"短命鬼"。在图表上，也仅仅是一个"小土堆"而已，绝对不可能是高耸入云间的山峰。那么到底是谁错了呢？

丁肇中面对同事的猜疑，毫不犹豫地回答："我相信自己的实验，这是一个新发现，表明曾经的那个常识根本就是错误的，我们要改写教科书了！"

丁肇中把实验人员都组织到一起，告知大家要严守这个秘密，因为丁肇中还要再次核对实验，以求做到万无一失，对他来说，越是重大的实验越是要谨慎、周密。

1974年8月初，正当丁肇中实验小组要进行检测实验的时候，从欧洲核子研究中心传来消息，丁肇中实验小组租借该研究中心的期限已经到了，言外之意，丁肇中他们必须撤离了。可是实验还在节骨眼上，要是真撤离了，这10年的辛苦劳动不是白白流失了吗？丁肇中和实验组人员都不想这种事情发生，讨论后决定续租研究中心使用期限，将实验进行到底！

1974年10月中旬，丁肇中和研究小组的科学家们将他们的研究进展情况告诉了欧洲核子研究中心加速器管理当局的负责人，希望允许他们优先使用加速器，允许延长使用高能加速器的时间。欧洲核子研究中心加速器管理当局没有让丁肇中失望，答应了他们的要求。

在接下来的几天，丁肇中分别安排两组人员用不同的方法来检测新粒子。两组人员、两种完全不同的方法，最后得出的结论却完全相同——确确实实有一个寿命"长"得出奇的新粒子出现在他们的眼前，这个粒子的行为是前所未闻的。

接下来就是给这个新发现的重粒子命名了，到底该用什么样的名字来命名呢？为此，他们进行了热烈的讨论。有人向丁肇中提出，真正激发的稳定粒子是用拉丁字母命名的，像假想的W0，中间矢量玻色子Z^0，等等；而经典粒子则以希腊字母 ρ 和 ω 来命名。据此，他们考虑过去10年的工作一直集中在电磁流J(x)上面，于是就决定将新发现的粒子命名为"J"粒子。外界以为"J"粒子是取自于汉字丁肇中的"丁"字，其实并不是这样，仅仅是一个巧合而已。

解决了粒子的命名问题，接下来就是粒子的发布时间问题。要知道，发布"J"粒子可是轰动全世界的一件事情，丁肇中私下里琢磨：一定要找个非常有意义的时间来公布这个消息。

正好，在1974年10月17日和18日，麻省理工学院的物理系主任韦斯科普夫教授要在麻省理工学院举行退休仪式，而韦斯科普夫教授曾给予了丁肇中非常大的帮助，要是没有他的帮助，丁肇中说不定现在还没有自己的实验小组，或者因为没有强大的财力支持而穷困潦倒。因此丁肇中觉得在这个场合公布这个消息，不仅是对韦斯科普夫教授的一种回报，也能表明自己的心迹。可是后来，这个计划竟因为很多原因取消了。因为在这期间，实验小组的人员曾经跟访问他们的物理学家们讨论了这个实验结果。这样，尽管没有正式宣布，可是此实验的结果已经被透露出去了，因此，不断有物理学家和新闻记者向丁肇中打听此事。

其中就有物理学家——斯坦福大学教授施瓦茨先生，他以接替丁肇中实验小组使用欧洲核子研究中心的高能加速器为由，提出要来布鲁克海文国家实验室拜访丁肇中。在访问期间，他一直想方设法从各个方面打探丁肇中发现"J"粒子的消息，并且他还提出要看看丁肇中他们做的3GeV周围共振图，都被丁肇中巧妙地掩饰了过去。因为丁肇中不准备把材料传得更远，也不想用这种方式宣布实验结果，矢口否定已经发现了新粒子。可是施瓦茨先生也是一个非常固执的人，他坚持相信丁肇中已经发现了新粒子。两个同样倔强的人撞到了一起。

就在他们俩相持不下的时候，戏剧性的事情再次发生。

丁肇中对施瓦茨先生说："如果我发现了什么新粒子，我愿拿出10美元打赌。"施瓦茨先生说："很好，年轻人，我会用那10美元去买酒喝，然后告诉全世界的人，这钱是从你那里赢回来的。"施瓦茨先生走后，丁肇中回到办公室在备忘录上写道："我欠施瓦茨先生10美元。"

这次打赌是丁肇中故意输给施瓦茨教授的，他这么做的目的就是不想让外界知道他们发现了新粒子的消息，以便自己能更好地进行剩下的实验，完成实验报告。

1974年11月11日，斯坦福直线加速器中心主任潘诺夫斯基教授去斯坦福大学访问，访问期间，他向施瓦茨先生问及此事并询问结果。施瓦茨先生说："丁肇中先生的计算百分之百的正确，我相信他的实验结果，如果真的没有发现新的粒子，外界是不会有这么多风言风语的。"他又说："我在1974年8月的时候就听说丁肇中先生在布鲁克海文国家实验室进行此项实验，10月22日便有广泛的讨论，所以我敢同丁肇中先生打赌。"

1974年10月的最后一个星期，丁肇中实验组的陈敏、贝克尔等几个同事纷纷要求丁肇中迅速发表他们的实验结果。陈敏还说道："有一只鸟在手，总比林中的两只鸟好。"与此同时，越来越多的人打电话来询问新粒子的发现情况，这些电话让丁肇中陷入了深深不安：难道外界什么都知道了？

迫于无奈，丁肇中终于同意发表实验结果，为了此事，他还专门拜访了《物理评论快报》杂志编辑特里格先生，询问过去该杂志不经审查发表论文的规定是否有所改变。特里格先生做了肯定的答复。丁肇中就按照他们1967年那篇关于量子电动力学的论文的文本写了一份简单的草稿。

1974年11月11日凌晨3点，陈敏、贝克尔等人在布鲁克海文实验室的计算机上宣布：

598实验小组有重大发现，在3GeV的地方发现了一个新粒子。

11月12日，丁肇中把实验结果的论文交给了特里格先生。

丁肇中实验组的实验结果在物理学界引起了极大震动。美国布鲁斯·谢克特说："丁肇中博士15年来的实验工作改写了教科书，并且绘出了汤姆孙原子核世界的新图……这一实验促使理论家们赶忙回到黑板前重新写画。当粉笔停止飞扬的时候，一个物质结构的新模型出现了，它是以'J'粒子作为其基础粒子之一。"

确实，丁肇中的实验如同一场风暴一样，打破了原来的常识，使得物理学界为之震惊。为了纪念这个发现，很多人都把这次发现定义为"11月物理学风暴"，或者叫"11月革命"。

第六章

ZUIGAORONGYU

最高荣誉

1

惊人的巧合

1974年11月10日，丁肇中出席在斯坦福直线加速器中心举行的加速器委员会的例会。在上飞机之后，丁肇中突然觉得世界豁然开朗。以前丁肇中每次坐飞机赶行程，也停不下工作和思考，来不及好好欣赏窗外的风景。这次不一样，丁肇中觉得自己可以稍微休息一下了。他的助手非常体贴地为丁肇中订了一个靠窗的座位，丁肇中兴奋地欣赏着窗外的风景，漫天飘舞的云朵就像粒子流一样滑过他的眼前。慢慢地，丁肇中觉得眼皮很重，不知不觉地睡着了。

从实验组检测到新粒子开始，丁肇中已经好几天没有合眼了。

当天晚上，丁肇中到达了目的地，为了不耽误例会，他住进离斯坦福直线加速器中心不远的帕洛阿尔托旅馆。美美地吃过晚餐，丁肇中准备关灯休息的时候，突然接到麻省理工学院原子核物理实验室的马丁·道依奇从洛斯阿拉莫斯给他打来长途紧急电话，马丁·道依奇先生的话说得很快，也很急，但是丁肇中还是明白了对方的意思：在斯坦福直线加速器中心正负电子对撞机上工作的里克特实验组做出了令人兴奋的事情，至于是什么样的事情，他还不太清楚。

通完电话后，丁肇中的脑子里闪过一个念头：去看看到底发生了什么事情，难道他们也发现了这个粒子？丁肇中没有多想，这个时候，他所有的睡意都烟消云散了。当晚丁肇中赶到洛斯阿拉莫斯，告诉马丁·道依奇，他要宣布他们实验组的实验结果。同时，丁肇中又给潘诺夫斯基拨了一个电话，将自己实验组的实验结果也告诉了他。

潘诺夫斯基听了丁肇中的汇报非常高兴，他知道即将有一场物理学上的好戏要开场了，因为这个时候，潘诺夫斯基已经知道斯坦福加速器中心的发现，但他不想在电话中把这个结果告诉丁肇中，只是说第二天他将把他们那儿的实验结果介绍给丁肇中。

11月11日星期一早上，丁肇中来到了潘诺夫斯基的办公室。一跨进他的办公室，丁肇中就迫不及待地对潘诺夫斯基说："我要告诉你一件有趣的事情……"没等丁肇中说完，潘诺夫斯基也对丁肇中说："我也有件有趣的事情要告诉你！"敏锐的丁肇中感觉到，可能有人也发现了这个粒子。

果然不出所料，潘诺夫斯基告诉丁肇中，上周末在斯坦福直线加速器中心的储存环上得到了和丁肇中实验小组相同的实验结果。

两组不同的人员、不同的实验设备、不同的实验方法，却得到了相同的结果——一个新的长寿粒子。

丁肇中做梦都没有想到，当自己和同事为胜利欢呼的时候，在美国的西海岸，同样有一个实验组的人员在为胜利欢呼，并且他们的胜利都是同样的胜利，唯一不同的就是对方将这个粒子命名为"Ψ"（希腊字母，读作"普赛"）粒子，而丁肇中将这个粒子命名为"J"粒子。

对方组织人就是里克特教授。

丁肇中对里克特教授并不陌生，里克特1931年3月22日出生于美国纽约州的布鲁克，尚是孩童的时候，父母就发现他对科学的爱好。他喜欢放大镜，因为放大镜里被放大的形像好像在告诉他，除了习以为常的世界之外，还有一个更细致、更广阔的世界。

同时，他也喜欢显微镜，因为通过显微镜里克特看到了比放大镜里更使他惊讶的世界。在这个世界里，还有用肉眼根本看不出来的成千上万生命组成的王国。

除了这两样东西之外，里克特还非常喜欢化学，在他很小的时候，他就在家里的地下室开辟了一个化学实验室，独自躲进那里做实验。进中学以后，他开始对物理学感兴趣，慢慢地他就发现课本已经不能满足自己的求知欲了，为此他常去寻找课外的阅读材料。而且里克特还特别乐意在学校的物理实验室做实验，因为这样就可以让自己的想法得到验证。

里克特14岁时高中毕业，那时的他打定主意要到麻省理工学院去读书。经过努力，他终于在1948年进入麻省理工学院。

进入麻省理工学院不久，里克特不得不在化学和物理中选一门作为自己的专业，刚开始，里克特难以取舍，因为这两门都是他非常喜欢的课程。可是一年之后，他发现学习物理更能从根本上帮助他理解宇宙，于是他毅然决然选择了物理学，踏上了研究物理科学的道路。

在麻省理工学院上大学期间，对他影响最大的老师是弗里德曼教授，因为他使里克特看见了物理学的美妙。在大学三年级时，里克特开始在磁学实验室跟随比特教授一起做研究。1952年，在比特教授的指导下，里克特完成了论文《氢原子的二次塞曼效应》，从麻省理工学院取得学士学位。同年，他成为该校研究院的一名研究生。

在读研究生期间，里克特进行的工作有点儿像"炼金术"：把金变成汞，即用回旋加速器来制备汞的短半衰期的同位素，研究这些同位素的光谱的超精细结构。他发现自己对环行加速器的兴趣比对这个实验的兴趣要多得多，为此，他曾到布鲁克海文国家实验室待了几个月，以感受和体验近代粒子物理学的"味道"。

回到麻省理工学院后，他认为："生命是很漫长的，我不应该继续做我没兴趣的事。"一年半后，他开始了基本粒子物理的研究。

1956年，里克特在路易丝·奥斯本教授的指导下完成了博士论文《氢原子中 π 介子的光致作用》，从而获得麻省理工学院物理学哲学博士学位。此后，里克特就到斯坦福大学高能物理实验室从事博士后研究工作。1956年至1959年，其任斯坦福大学助理教授，1963年升任副教授，4年后升为教授。

1963年，他来到斯坦福直线加速器中心工作。在当时斯坦福直线加速器中心主任潘诺夫斯基的鼓励下，里克特与里特森一道组织了一个小组负责设计当时最高能量（质心系能量为8GeV）的正负电子对撞机。里克特实验组于1964年完成了初步设计后，向美国原子能委员会提交了经费申请报告，直到1970年才得到经费。有了钱以后，该工程立即上马，同时制作由各种功能的探测系统和磁场组成的大型通用型磁探测器。

1973年，对撞机和探测器投入实验运行，这个时候，丁肇中正在布鲁克海文国家实验室里和同事们苦苦地制造实验所需要的各种探测器呢！

1974年，里克特实验组就有了重大发现。他们在正负电子对撞产生强子，正负电子对和正负 μ 子对的反应道中，通过能量扫描，发现在3.2GeV处的截面比反常，比临近的高30%左右。后来，由于仪器维修和改装未能将实验继续下去，直到10月才重新开始进行实验。在实验中，他们已发现在3.1GeV处出现反常。后来陆续出现高出3~5倍的截面。这促使他们下决心把机器调回到3.1GeV附近进行精确测量。同年11月9日，他们终于取得了该处存在狭窄共振峰的确切证据。他们经过多种实验检验和计算核准后，确认这个共振峰是新粒子产生的。而且，这种新粒子的性质与已知的强子很不一样。在通常情况下，这么重的粒子应该很快就衰变为比它轻的粒子，而实际测量却发现它相当稳定，其寿命比预期的要长1000倍。11月10日，他们将这个结果告诉斯坦福直线加速器中心主任潘诺夫斯基，并将新粒子取名为"Ψ"粒子。接着，他们又在3.7GeV处发现了"Ψ"粒子的姐妹态——"Ψ"粒子。

这样看来，丁肇中和里克特是殊途同归，这是一种巧合，但这种巧合绝对不是偶然，而是一种必然，因为每个人都具备了成功的条件。

如果说里克特实验组的成功是执着追求得来的成功，那么丁肇中的成功就是一种严谨实验态度得来的成功，莱德曼教授也曾经在丁肇中做实验的那台加速器上做过同样的实验，当时也出现了一些异常现象，当时莱德曼教授以"机器可能在跟我们开玩笑"为由，没有进行下一步的研究和探索，与发现新粒子的机会擦肩而过。后来知道丁肇中在他曾经实验过的机器上发现了新粒子，他懊悔不已。后来莱德曼教授分析自己失败的原因，发现除了输在毅力和对常识的信赖上，还有一点就是他所使用的那台探测器，自己只是强调了它的灵敏度，而忽略了它的分辨率。丁肇中在实验之初对莱德曼教授的实验报告也进行了分析，得到的他之所以失败的原因也是这几个。

丁肇中在会见了潘诺夫斯基之后，就打电话给他的好友、意大利罗马的弗拉斯卡蒂实验室主任贝莱蒂尼，将实验结果告诉他，希望他们对实验结果进行校正。贝莱蒂尼立即命令自己的实验小组在丁肇中所提供的电子伏领域进行搜寻，很快，他们也发现了不寻常的地方，于是贝莱蒂尼给了丁肇中实验组一个明确的答案，说新粒子信号在弗拉斯卡蒂实验室观察到了。

其实丁肇中和里克特的巧合不仅仅是一种巧合，更是一种互相验证，这在物理学历史上并不多见。

结果，1974年12月2日出版的那一期《物理评论快报》中，有3篇发现这个新粒子的论文，除丁肇中实验组的论文外，还有弗拉斯卡蒂实验室、里克特实验组发表的文章。

"J"粒子的发现，引起了全世界物理学界的轰动，它的发现不仅仅增加了粒子家族的成员，也让物理学基本理论、常识受到了前所未有的挑战，丁肇中和里克特的巧合，把物理学的天都给掀翻了。

② 梦想变成现实

"J"粒子的发现，让干旱了好几年的物理学界下起了绵绵的春雨，沉静了多年的物理学界，顿时生机勃勃，一种前所未有的活力呈现在人们眼前，丁肇中和他的同事立刻成了大家瞩目的对象。

可是"J"粒子和里克特的"Ψ"粒子几乎同时发现、同时宣布，甚至论文也发表在同一期的学术期刊上，唯一不同的是丁肇中给这个粒子命名为"J"粒子，而里克特把它命名为"Ψ"粒子，那么人们自然而然就会产生疑问：以后这个粒子到底是叫"J"粒子还是"Ψ"粒子呢？这个疑问曾经引起了一些小小的风波，一些媒体甚至为了某种利益的需要，开始大肆地炒作，甚至宣称物理学界的战争要开始了。

至此，丁肇中和里克特明白，如果不及时地站出来面对这个问题，说不定物理学界的战争还真会爆发，于是，丁肇中首先做了表态，他采取了轻名利、重事实的态度来解决这个事情。他说："谁做了什么，谁先发现什么，大家心里都有数，别人也看得非常清楚，没有什么好争议的。"

丁肇中的宽宏大量引得了众多人的喝彩，物理学界的争论销声匿迹。人们不仅被丁肇中的研究态度折服，同时也被他的人格魅力折服，这个时候，鲜花、掌声从四面八方飞来，把丁肇中紧紧围在中间。

首先是新闻媒体，纷纷占用抢眼的版面，对丁肇中的实验事实进行报道，并且对他所做出的贡献进行了盛赞。1974年12月2日，美国最有影响力、发行量最大的新闻媒体——《新闻周刊》就刊载了对这一发现的评论性文章。文章中这样写道：

这项重大发现对近半个世纪以来物理学家努力寻求解释自然界4种粒子间的相互作用（万有引力、强相互作用、弱力相互作用、电磁相互作用），将具有重大的意义。它对统一论研究帮助极大。

"J"粒子的发现将会导致新结构的出现，可获得对从爱因斯坦到海森堡一直没有证实的"统一场论"的具体证实。

确实如报道所说，丁肇中的发现改写了物理学界的"常识"，也给后人开辟了一条新的道路，并且警醒着后人，不能盲目地相信前人的常识，在实验物理学界，唯一能相信的只有自己的实验和眼睛。

在听说了丁肇中的发现之后，麻省理工学院威斯纳先生也在第一时间给丁肇中发来了贺电，他为本院能有如此出色的物理学家，做出如此重大的科学发现感到自豪，他在祝词中说：

丁教授的研究，已为人类开拓了宇宙未知的领域，并使基本粒子物理学迈进一个新的境地。

丁肇中从加入麻省理工学院的那天起，麻省理工学院就给了丁肇中很大帮助，从物质上到精神上的，无一不彰显着学院对他的重视和期望。现在，丁肇中终于做出了伟大的成就，对于麻省理工学院来说，也算是一种回报。

1976年年初，时任美国物理学会会长的华裔物理学家吴健雄教授在美国物理学会演讲时，对"J"粒子的发现，也给予了极高的评价。她说道：

1974年宣布发现"J"重粒子，真是一件非常令人兴奋的事。何以见得呢？一方面这个粒子是可以参与强相互作用的介子，而且质量高达3GeV（远离其他较稳定的介子），另一方面它的谱线特别狭窄，这显示它的生命期比较长。由它的高质量来看，它应该有很多的方式衰变成较轻的粒子，以致其谱线宽度应该高达0.4GeV~2GeV，可是在正负电子对撞机实验中所测到的宽度仅为5兆电子伏，几乎只是前者的一千分之一！我们以前对强相互作用粒子的了解，显然不足以解释为什么质量这么高的粒子会这样稳定，因此必须引进一个新量子数、一个新的选择定则，或新的物理原则。

当年丁肇中在哥伦比亚大学的时候，曾经和吴健雄教授一起工作了一年，因此她对丁肇中取得的成就并不感到惊讶，在丁肇中向她提出第一个问题的时候，她就敏感地感觉到这个人必定能在后来的研究中，做出令人敬佩的事情。现在看来，她的感觉变成了现实，同时她也为和她同族同根的丁肇中有这样的科学成就而感到高兴。

丁肇中的丰功伟绩不仅仅让物理学界的人雀跃不已，物理学界之外的很多人也都沉浸在这种喜悦之中，包括当时的美国总统福特，他对这个黑头发、黄皮肤的东方人感到非常好奇，对他取得的成绩也感到由衷的祝贺，并于1975年2月14日，以总统和美国全体公民的名义向丁肇中发来贺信，贺信中写道：

亲爱的丁教授：

得知由布鲁克海文国家实验室和麻省理工学院组成的一个研究小组，以及斯坦直线加速器中心与劳伦斯-伯克利实验室组成的小组，发现了新的寿命较长的重粒子，我深感兴趣。在此，我谨代表美国人民，感谢你和你的同事致力于此项重大发现的努力和贡献。

我还希望，有关这方面基本知识上的重大进展，能够导致科学的更进一步的突破，进而能够造福人类。我感到骄傲的是，我国这个研究项目使我们能在科学的各个领域保持领先地位。我确信，处理研究这些新发现的实验工作，将会以充沛的精力、热忱与兴趣来进行。我谨对在这方面力求成功的科学家们，致以最高的祝贺。

G.R.福特

能让总统给自己写贺信的人并不多，可这个黑头发、黄皮肤的东方人办到了。

同时，物理学界最高的荣誉机构——瑞典皇家科学院，也对丁肇中的成就给予了认可，从众多的诺贝尔奖候选人及其所做的贡献中，挑中了丁肇中实验组和里克特实验组的发现，并做出了公正的决定，决定书如下：

授予里克特和丁肇中1976年诺贝尔物理学奖，以表彰他们在发现一种新型重粒子中的领导和先驱性工作。

在丁肇中眼中，这不仅是一封决定书，更是一封肯定书、鼓励书……丁肇中从懂事开始，无论他取得什么样的成绩，父母总是给他最大的肯定。现在，他又得到了更多人的肯定，幸福顿时洋溢在丁肇中的脸上。

拿着这封决定书，丁肇中突然很想念母亲，是啊，母亲去世都16年了，如果她现在还健在的话，肯定会为自己感到高兴，一定会露出会心的微笑。丁肇中想到这里，不知不觉流出辛酸的眼泪，心里在默默地对母亲说道："妈妈，我成功了，您曾经说过，不管做哪行，都要成为那行的佼佼者，现在，我成功了，您看到了吗？如果您在天有灵，请一定让我梦到您，让我和您一起微笑！"

1976年10月18日12时16分，瑞典皇家科学院秘书长伯恩哈德先生给当时在瑞士日内瓦欧洲核子研究中心工作的丁肇中教授发出了一份热情洋溢的电报：

瑞典皇家科学院今日将1976年诺贝尔物理学奖，分别授予美国丁肇中教授和美国里克特教授，为奖励其在发现一种新的基本重粒子方面的先驱工作。

在同一天，合众国际社在斯德哥尔摩发布新闻电文：

瑞典皇家科学院宣布，两名美国科学家，因寻找地球上最小质点——"J"粒子的最伟大发现，今天共同获得1976年诺贝尔物理学奖。得奖者是麻省理工学院40岁的丁肇中教授（华裔）和加利福尼亚州斯坦福直线加速器中心45岁的里克特教授。他们在一种完全新的基本质点上各自独立的发现，使他们获得这项荣誉。

路透社也及时地发出了新闻报道：

1976年（诺贝尔）物理学奖今天授予了美国塞缪尔·丁和伯顿·里克特，他们发现了一种新的基本粒子……由于彼此独立地发现了一种长寿命的重基本粒子而获奖，这一发现提出了有关把原子聚在一起的能量问题。

这些报道突然间让丁肇中觉得有点难过，因为在"J"粒子还没有发表的时候，它是属于他们实验组全体成员的，而现在，它却成为所有人的了，就像一个新生儿，突然间被人从母亲身边抱走，成为大家的新生儿一样，他这个做母亲的难免会悲伤一下。其实这种悲伤的感觉里克特也曾经有过，他曾经在接受记者采访的时候说过这样一段话：

每个科学家都期望发现能够变革他们研究领域的成果，但通常他们只能在以前的成果上循序渐进，使科学有一点点进展。很少有人那么幸运，获得巨大发现，让自己领域的研究向前跨出一大步。

当我的论文被发表时，我反而有些忧郁，因为这个发现不再只属于我了，所有的人都将知道这个新的粒子。这种拥有一种真正的发现的感觉在一生中只能有一两次，它所带来的感觉，可与我看到我的第一个孩子出世时的欣喜相媲美。

第六章　最高荣誉

正如里克特所说，每个科学家都把自己的研究发现当成是自己的新生孩子，人一辈子不可能有很多的孩子，科学家也一样，一辈子能做出像丁肇中这样巨大的研究成果的机会，也许并不是很多，更不用说获得诺贝尔奖了。因此，这种感觉用几个字可以形容——"痛并快乐着"！

丁肇中和里克特来不及多想，紧接着，瑞典皇家科学院诺贝尔物理学奖评选委员的委员埃克斯蓬教授发表谈话，评论丁肇中发现的理论和科学意义。他说：

这是在基本粒子方面最伟大的发现之一，它已改变了世界各地所有实验室的工作形式，由于这项发现，各实验室现在都在研究这一质点带来的物质新形式。

这项发现令人惊讶的部分是：丁肇中和里克特完全独立地做个人的研究，他们完全不知道对方研究工作的性质，而几乎在同时获得完全相同的发现。

关于丁肇中对现代物理学的贡献，中国著名高能物理学家朱洪元教授也发表了自己的看法：

1974年"J"粒子的发现，震动了整个国际物理学界。"J"粒子的性质不可能由已有的强子结构理论得到解释，人们被迫要增加层子的种类，即层子至少由3种增加到4种。

从丁肇中发表发现"J"粒子的论文以来，这种评论已经很多了，丁肇中基本上都没有时间去考虑对方说得到底怎么样，每天都被贺电、贺信包围起来，他甚至都没有时间给远在台湾的父亲打个电话。可让丁肇中没有想到的是，在台北的父亲丁观海的电话和邮件数量也倍增，每天也都被荣誉、鲜花、贺电、贺信团团包围，真是应接不暇，比如说丁肇中的老师、同学、亲友都纷纷向老人家表示祝贺，甚至到丁观海的住所当面进行贺喜，为了接待这些客人，丁观海同样没有时间给丁肇中打个贺喜的电话。

面对众多的祝贺，丁观海除了惊喜、为自己的儿子感到自豪之外，更觉得自己的儿子能有这样的成就绝对不是偶然，而是10年来废寝忘食、呕心沥血的结果。

10年前丁肇中就曾经说过："在未来10年内，我将有希望获得诺贝尔奖。"当年的丁观海并没有太在意，因为他明白，年轻人总是会有一些豪言壮语，可是没有想到这句10年前的豪言壮语，如今竟然变成了现实。丁观海觉得有点内疚，觉得自己对不住儿子，没有尽到一个做父亲的责任，对孩子的感受并没有很好地理解。

想到这里，腾出时间，从台北发出了两封电报，一封给在日内瓦欧洲核子研究中心的儿子丁肇中，向他表示最衷心的祝贺，其内容是："祝贺你荣膺1976年诺贝尔物理学奖桂冠！"

另一封电报发到美国波士顿勒辛顿丁肇中的住所，以祝贺儿媳和两个孙女，电文中写道："祝贺你们大家！"

中国有句老话，一个成功男人的背后，必定有一个默默付出的女人，这句话放在远在美国的丁肇中身上同样适合。丁肇中在工作期间，根本没有时间回家照看孩子，也没有时间和妻子好好相聚，可是，他的妻子凯伊，曾经美丽的密歇根大学建筑系女生，非常理解和支持丁肇中，遇到任何事情，总是尽力自己去解决，尽量不给远在外地工作的丈夫添麻烦，甚至当丁肇中提出要她搬家到自己工作地点附近居住时，凯伊也拒绝了，原因很简单，她怕自己和孩子影响丁肇中的工作。这难免让我们想起中国历史上那个著名的典故"孟母三迁"，丁肇中的妻子也能做出类似的牺牲，和那个为儿子的教育成才甘愿放弃一切的伟大女性有什么样的区别呢？正是在这位优秀妻子的默默支持和帮助下，丁肇中才能安下心来好好工作，也才能取得如此巨大的成就，因此，丁观海给儿媳发去贺电除了表示祝贺，更多的是对她为丁肇中的付出表示肯定及谢意。

这在欧洲核子研究中心的丁肇中，也一心想着远在他乡的父亲，可是自从他获奖的消息发布后，他就成了大忙人。直到3天之后，即1976年10月21日上午8点，丁肇中才在纽约的机场给父亲打了个长途电话，除了告诉父亲自己获奖的情况外，丁肇中还想让自己的父亲一同前往瑞典，参加颁奖大典。

电话一接通，丁观海抢先说道："肇中，恭喜你了！你收到我的贺电了吗？"

丁肇中听到父亲的声音，特别激动，连忙说："收到了，收到了。爸！您身体还好吗？"

在一阵简单的寒暄之后，丁肇中开始向父亲吐苦水："自从知道'J'粒子之后，记者们就开始搞轰炸，我都快要应付不过来了，现在我终于知道，应付他们简直比搞研究还要辛苦。"

丁观海听了儿子的话，哈哈大笑说："我告诉你，肇中，我的情况比你也好不到哪里去，我们家天天也有人来搞疲劳轰炸，我也快要应付不过来了。"

随即，丁肇中在电话中邀请父亲和他一起去瑞典参加诺贝尔奖颁奖典礼，与他共同享受获奖的快乐。作为一个工程学的老研究人员，丁观海也非常想参加这个难得的盛宴，更何况主角是自己的儿子呢？可是丁观海考虑到诸多现实因素，试图推辞："我在土木工程研究所还有些课程需要安排，再说，要去颁奖典礼也得花不少的旅费……"

丁肇中听到父亲这么说，立即劝他："旅费和一切开销，您老人家不必愁，我来解决，只要您能来一趟，我们就高兴了。"听到丁肇中这么说，丁观海就很高兴地答应了儿子的邀请，答应前去参加诺贝尔奖颁奖仪式。

3

炎黄之声

20世纪60年代，丁肇中以惊人的毅力和韧性，打破前人的常识，完成了探测新粒子的实验，给沉寂了很久的物理学界来了一个惊天霹雳，让沉睡其中的人们都从梦中惊醒。丁肇中因此获得了1976年诺贝尔物理学奖。据统计，在诺贝尔奖领域，获奖最多的学科是物理学，特别是粒子物理学，获得的人更是要比其他学科的人多得多。而丁肇中是第105位获得诺贝尔物理学奖的物理学家，又是宇宙辐射和基本粒子研究领域第14位获得诺贝尔奖的科学家。

按照惯例，获得奖项的科学家必须亲自出席这个仪式，以便领取各自的奖品，包括奖金、金质奖章和获奖证书等。于是，1976年12月10日，丁肇中带着父亲、妻子、女儿还有和他共同走过风风雨雨的得力助手陈敏、贝克尔一行从美国出发，前往瑞典的斯德歌尔摩市，出席本年度的诺贝尔奖颁奖典礼。

在诺贝尔奖委员会宣布丁肇中获得本年度诺贝尔奖的时候，丁肇中给颁奖委员会写了一封信，在这封信上，丁肇中提出了一个要求，那就是要用中文书写答词并且用汉语来演讲。因为丁肇中在得知自己获得诺贝尔物理学奖的时候，曾经翻阅过以往有关诺贝尔奖的资料，他发现，虽然诺贝尔奖已经颁了半个世纪，可是里面却没有一份答词或者演讲稿是用中文写成的，也就是说汉语从来就没有在那个颁奖大厅响起过，这个现象让丁肇中觉得非常难过。中国是一个泱泱大国，是四大文明古国之一，早在几千年之前，科技就比较先进，特别是古代中国的四大发明，还曾经给全世界带来革命性的变化。虽然说中国近代以来经济、科技方面较西方强国有所落后，但是中国依然是一个大国，中华民族依然是一个非常优秀的民族，像这样的盛典，怎么能少了炎黄之声呢？

作为一个华夏子孙，丁肇中当然不能让这种现象再这样持续下去，他在看完资料后，当即决定用汉语演讲，让炎黄之声第一次在颁奖大厅响起，让中华民族第一次在美丽的斯德歌尔摩听到熟悉的、属于中华民族自己的声音。于是丁肇中拿起笔，向颁奖委员会写了一封信，说明了自己的想法和决定。

接到这封信之后，颁奖委员会却陷入了为难之中，因为按照惯例，答词、演讲都要以获奖者本国的语言进行，而丁肇中在很小的时候就取得了美国国籍，所以他的要求遭到了美国政府的阻止，原因很简单，丁肇中加入了美国国籍，就说明他已经是美国的公民了，因此，答词和演讲都必须用英语！

可是丁肇中还是坚持自己的意见，并且说："我确实加入了美国国籍，但我是在瑞典领奖，而不是在美国，用什么文字书写是我的自由！"

在丁肇中一行人到达瑞典之后，美国驻瑞典大使馆的人也对丁肇中进行劝阻，丁肇中和他们说："这不关你们的事，你们别管。"

可是他们还是无休无止，最后，丁肇中提出一个折中的办法：先用汉语致辞，然后用英语复述。丁肇中已做出让步，可是负责颁发诺贝尔奖的人士又说他们那里没有中文打字机，意思就是让丁肇中还是用英语进行答词。丁肇中气愤不已，对负责人说："没有打字机我就用手写，请你们代为复印！"负责人这才灰溜溜地走开！

在准备好这些之后颁奖典礼才正式开始，典礼在斯德哥尔摩的音乐大厅举行，下午时分，参加诺贝尔颁奖典礼的人开始陆续进入大厅。此时的斯德哥尔摩大厅被装扮一新，显得特别金碧辉煌，美丽的吊灯将大厅的光线调到了最和谐的亮度，加上主席台前斑斓的鲜花，给人无尽的想象和兴奋。是啊，人这一生，能有几次机会参加这样盛大的典礼呢？这个世界上太多人穷尽毕生精力，也没办法得到这样的机会呢。

看着这些，年迈的丁观海不禁流下了说不上是心酸还是喜悦的眼泪，妻子去世多年，儿子今天将要在这里接受世界上最高级别的奖项，如果她还在世的话，一定能亲眼看到这个宏伟壮观的场面，也一定会为自己的儿子感到自豪。丁观海看着如此恢弘庄严的场面，内心五味杂陈，往事席卷而来，从王隽英早产生下丁肇中，到后来炮火中流离的生活，再到后来丁肇中去美国求学……这些场景都历历在目，及至最后妻子身染沉疴、一病不起……

正在丁观海回忆过往的时候，颁奖负责人宣布进入主会场，丁观海连忙打断自己的思绪，听从对方的安排。

首先进去的是科学界、文学界等各界著名人士和新闻记者。随后是瑞典王室人员以及随从，瑞典议会议员以及往届诺贝尔奖获得者代表，最后才是应邀前来参加典礼的宾客。这是一个能容纳几千人的大厅，人站在中间，似乎显得非常渺小，其实这也象征着科学是无穷无尽的，而人类本身却是渺小的。也正是科学家以自己的渺小来探索无穷无尽的世界，才能得到人们的尊重，也只有这样探索并取得特殊贡献的人才能获得诺贝尔奖。

下午4点30分，丁肇中和其他获奖人在诺贝尔科学奖金基金会成员的陪同下，怀着激动、怀着兴奋、怀着对科学的美好感情步入音乐大厅，在受奖席上就座，其他人员也相应就座。

就坐完毕，瑞典国王开始进入授奖大厅，此时，乐队奏起了瑞典王室音乐。顿时，一种庄严、肃穆的气氛传遍了大厅的每个角落。此时，站在台上的诺贝尔基金会主席用瑞典语简要地介绍丁肇中和其他获奖者以及他们的贡献。话音刚落，音乐大厅又响起了轻快的音乐。

随后，演讲开始，丁肇中被颁奖人员引上演讲台。此刻，一股复杂的感情涌上了丁肇中的心头，其中有激动、有兴奋，也有心酸、难过。激动、兴奋的是自己和自己的研究小组终于突破了重重难关，最终走向了胜利；心酸、难过的是现在上台领奖的只有他一个人，而这个成就是所有成员努力的结晶，似乎显得不太公平。

可是丁肇中没再多想，他精神抖擞地走向演讲台，用流利的中文发表了自己的演讲：

国王、王后陛下，皇族们，各位朋友：

得到诺贝尔奖，是一个科学家最大的荣誉。我是在旧中国长大的，因此，借这个机会向发展中国家的青年们强调实验工作的重要性。

中国有句古话，"劳心者治人，劳力者治于人"，这种落后的思想，对发展中国家的青年们有很大的害处。由于这种思想，很多发展中国家的学生都倾向于理论的研究，事实上，自然科学理论不能离开实验的基础，特别是物理学更是从实验中产生的。

我希望通过我这次得奖，能够激发发展中国家的学生们在这方面的兴趣，从而注意实验工作的重要性。

简短的发言，通篇都是饱含真理的朴实之言，不仅饱含着他对科学实验的见解，也饱含着他对祖国的热爱，饱含着对中华民族的无限深情。虽然当时在场很多的人并不能听懂汉语，可是台下的丁观海却听得泪流满面，因为他明白，这其中包含了多少深意，蕴藏了多少成功背后的心酸和泪水！

尔后，丁肇中用英语进行了复述，也就意味着全场的人都能明白他所说的每句话，在丁肇中说完最后一句话的时候，全场响起了热烈的掌声，大家都为他简短却精彩的演讲而感动。

后来，有记者问丁肇中在诺贝尔奖的颁奖典礼上为什么要用汉语先致辞，丁肇中只是平静地看着记者说："讲讲好玩而已。"

丁肇中顶着各种各样的阻碍和流言蜚语，在如此重大的典礼上用汉语演讲，只是"讲讲好玩而已"吗？谁能明了这短短一席话中所包含的深意？是对祖国的眷恋，还是对亲人的眷恋？谁又能真正理解这一刻的丁肇中？

按照惯例，颁奖委员会的人在演讲完之后，要进行一些介绍，这次也不例外，在丁肇中演讲完之后，瑞典皇家科学院的代表古斯塔·埃克里朋教授在贺词中高度赞扬了丁肇中和里克特两位教授在探索新的重粒子方面的开拓性工作：

我把你们比作在未知土地上的探险家，你们在未知土地上发现了惊人的建筑物，正如其他的伟大探索者那样，你们有自己的、由能干人才组成的小组，我请你们二位向你们各自的组员转达我对这项重大成果的衷心祝贺。你们在正负电子领域多年不懈的努力和想象力是极其重要的，这是"J"/"Ψ"粒子的戏剧性发现的前提。从而大大影响和丰富了你们的研究领域，1974年以后的基本粒子物理学已不同于往日的这门科学了。我很荣幸地代表科学院向你们致以最热烈的祝贺，并请你们接受国王陛下亲手颁发的资金。

古斯塔·埃克里朋教授发表简短的贺词之后，瑞典国王亲手将诺贝尔奖颁发给丁肇中，此时全场响起了热烈的掌声。和惯例一样，丁肇中这次接受的诺贝尔奖包括了三个部分：诺贝尔荣誉奖、诺贝尔金质奖章和数目可观的诺贝尔奖金！这些东西只是一个形式，意在表示对科学家所做出的贡献的认同和赞美，这是一种荣誉、一种骄傲。科学家们一心一意地研究、做实验，他们追求诺贝尔奖，并不是为了追求这笔数目可观的诺贝尔奖金，而是为了追求一种肯定、一种荣誉！

各个奖项颁发完毕，颁奖典礼就此结束，接下来就是举行晚宴，这同样是惯例。晚宴的地点是距离颁奖大厅不远的斯德哥尔摩市政大厅，由政府主办，参加宴会的人包括瑞典国王和王后、王储、公主等王室成员，还有一些社会名流、著名科学家、诺贝尔奖获得者以及他们的家属。因为场地的限制，每年能参加这个宴会的人数都是固定的，限定在1288人。

自然，丁肇中和他的家属都在受邀之列。宴会和典礼一样，同样讲究次序：诺贝尔奖获得者在中央主桌，和瑞典国王等王室成员一起，并且按照物理学、化学、生理学、经济学的顺序就座。因此，丁肇中和里克特教授是最先入座的诺贝尔奖获得者，其次是其他获奖者。正式举行宴会之前，丁肇中等诺贝尔奖获得者被再次介绍给瑞典国王，国王再次亲切的和获奖者握手，所有人向国王致意，一切程序完成之后，宴会在热烈的气氛中正式开始！

席间，丁肇中和其他获奖人员频频举杯相互祝贺，宴会的气氛达到了高潮！可是，即便是在这种气氛中，丁肇中还是保持着自己的冷静和思考，他并没有因为自己获得诺贝尔奖而忘形，更没有骄傲自满，而是清醒地觉得自己身上的担子越来越重了，任重而道远。诺贝尔奖只是一个简短的逗号，并不是句号，这和科学研究一样，是没有穷期的，也是不可能有穷期的。丁肇中理智地告诉自己，得奖是得奖，宴会是宴会，研究是研究……

宴会之后，就是狂欢舞会，丁肇中和妻子凯伊·库尼都沉浸在欢乐的气氛中。看着妻子开心的笑容，丁肇中幸福极了。他一直觉得自己对不起妻子、对不起女儿，今天看到她们如此高兴，丁肇中心里也宽松了许多。"如果能有下辈子，我一定好好报答她们！"丁肇中在心里默默地想。

舞会最终在一片祥和的气氛中结束，可是丁肇中接下来还有工作要做，那就是举行一次演讲，即所谓的"诺贝尔演讲"，这是诺贝尔获奖者通常都要履行的唯一被规定下来的义务。丁肇中的演讲被安排在授奖仪式的第二天，即1976年12月11日，在这天，丁肇中发表了题为《"J"粒子的发现——一个人的回忆》的演讲：

研究光和物质的相互作用，是物理学中最早知道的课题之一。《墨子》（公元前4世纪时中国周朝墨家的书）中就有这方面的事例。20世纪物理学的许多重大的基本发现都与研究光线有关。1901年，首届诺贝尔物理学奖就授予了发现X射线的伦琴。

在近代，由于狄拉克的工作，我们知道了通过光量子可以产生电子-正电子对。兰姆与雷塞福德的工作在理解光子和电子间的相互作用中提供了关键的一步，由朝永振一郎、施温格尔、赞恩曼、戴森、韦斯科普夫等科学家所建立的量子电动力学方程已经为计算电子的电磁场的影响给出了方法。

在过去的10年里，由于建造了巨型电子加速器，研制了能把电子同其他区别开来的复杂探测器，最后还建立了电子-正电子碰撞粒子储存环，大大增进了我们对极高能光量子跟基本粒子相互作用本质的认识。而通过对光和类光粒子（所谓矢量介子，即重光子）之间的相互作用的研究，结果终于发现了新的基本粒子——"J"粒子就是这个家族中的第一个成员。

……

在结束的时候，我们可以提几个进一步的问题：

1. 我们现在知道，光子转化成了具有质量的1GeV的 ρ 、ω和φ介子。它能够转化成质量约3GeV~5GeV的粒子及其各个协同态。当我们向更高的能量进军时，会怎么样呢？似乎完全可能的是，应当还有许多新的系列的类光粒子存在。

2. "J"粒子的存在意味着，我们至少需要4种夸克来解释迄今观测到的现象。如果我们在更高能量城里又发现了一系列的新粒子，那么，我们还将需要多少夸克呢？

3. 如果我们需要一大族夸克，它们是否就是自然真正的基本积木块了呢？它们为什么还一点都没有被发现呢？

……

丁肇中富有启发性的演讲再次引来了听众热烈的掌声，人们不仅为他的魅力所折服，也为他能提出如此富有启发性的问题而折服。丁肇中再一次向世人证明：在人类探索世界奥秘的高层次智慧上，东方人和西方人有着同样的能力。他不仅让炎黄之声第一次在斯德哥尔摩大厅响起，也让世人知道，中国人现在同样有能力攀登科学世界的最高峰。因此，丁肇中是亿万华人的骄傲，是华夏子孙的楷模，他的成功不仅仅是他个人的成功，也是全体华人的成功，是全中国人民的成功，同时他的成功也切切实实地带动了中国科学界的发展，激发了中国青年向科学高峰攀登的激情。

④ 诺贝尔奖

在李政道和杨振宁之后，丁肇中成为第三个获得诺贝尔奖的华人科学家，在他们获得诺贝尔奖的时候，全世界的华人都为他们欢呼，为他们高兴。

在丁肇中获得诺贝尔奖的那一刻，他成了世界瞩目的焦点，也成了华夏子孙奋斗的榜样，在他宣布发现"J"粒子的那一刻，多少中华青年学子暗暗下定决心，让自己成为丁肇中第二，就像当年，丁肇中曾经暗暗下定决心，要成为法拉第第二一样。

可是很多人只知道诺贝尔奖，至于诺贝尔奖是怎么来的，并不是非常明了。那么不妨在这里介绍一下：诺贝尔奖创立于1901年，它是根据瑞典著名化学家、硝化甘油炸药发明人阿尔弗雷德·伯哈德·诺贝尔的遗嘱以其部分遗产作为基金创立的。它的创立人诺贝尔于1833年10月21日出生于瑞典的斯德哥尔摩城，从小身体羸弱，好几次因为生病差点死去。他在一首小诗中这样写道：

> 我的摇篮好像死床，
> 忧虑的母亲，
> 多年看护在旁，
> 尽管希望渺茫，
> 却要拯救这欲灭之光。
> 我好容易才鼓起劲来，
> 吸吮几口乳汁充肠，
> 接着是抽筋痉挛，

濒临死亡。

直到我抓到生命之光，

死前之苦方告未央。

　　从这首小诗当中我们可以看出，诺贝尔的童年并不是非常快乐，甚至说很多时间他都和死神待在一起。

　　诺贝尔在圣彼得长大和求学，后来去法国和美国深造。学成后返回瑞典从事化学研究，尤其是炸药的研究与发明。诺贝尔父子在斯德哥尔摩市郊建立实验室，首次研制出液体炸药，由于液体炸药容易发生爆炸事故，1866年他制造出固体的安全猛烈炸药"达那马特"，这一产品成为以后诺贝尔国际性工业集团的基石。1867年，又发明安全雷管引爆装置，随后又相继发明多种威力更大的炸药。他毕生共有各类炸药及人造丝等近400项发明，获85项专利。这些发明使诺贝尔在世界化学史上占有重要地位。诺贝尔通过制造炸药积累了大量财富，他购入瑞典某军火化工厂的大部分股权，创建了诺贝尔化工公司，在西欧各国开设炸药相关业务的托拉斯，拥有在俄国巴库开采石油的诺贝尔兄弟公司。诺贝尔一生共获得技术发明专利355项，并在欧美等五大洲20个国家开设了约100家公司和工厂，积累了巨额财富。

　　1896年12月10日下午4点30分，诺贝尔在意大利圣雷莫的别墅中因脑溢血而与世长辞，享年63岁。12月19日，他的遗体被运回瑞典，在那里火化后，于12月29日举办隆重的仪式，埋葬在斯德哥尔摩北方公墓的一座家庭墓穴里。

　　诺贝尔去世后，开始关注他财产的人越来越多了，遗嘱也成了众人瞩目的焦点。诺贝尔在他生命的最后几年，曾先后立下过3份内容非常相似的遗嘱。第一份立于1889年；第二份立于1893年；第三份则立于1895年，存放在斯德哥尔摩一家银行，这就是诺贝尔死后实施的遗嘱。

　　这份遗嘱取消了前面两份遗嘱中分赠亲友的部分，将自己的大部分财产用于设立奖励基金，于1897年初在瑞典公布于众：

　　我所留下的全部可变换为现金的财产，将以下列方式予以处理：这份资本由我的执行者投资于安全的证券方面，并将构成一种基金；它的利息每年将以资金的形式，分配给那些在前一年里曾赋予人类最大利益的人。上述利息将被平分为5份，其分配办法如下：一份给在物理方面做出最重要发现或发明的人；一份给做出过最重要的化学发现或改进的人；一份给在生理和医学领域做出过最重要发现的人；一份给在文学方面曾创作出有理想主义倾向的最杰出作品的人；一份给曾为促进国家之间友好、为废除裁减常备军队以及为举行和平会议做出过最大或最好工作的人。物理和化学奖金，将由瑞典皇家科学院授予；生理学和医学奖金由在斯德哥尔摩的卡罗琳医学院授予；文学奖金由在斯德哥尔摩的瑞典文学院授予；和平奖金由挪威议会选出的一个5人委员会来授予。我的明确愿望是，在颁发这些奖金的时候，对于授奖候选人的国籍丝毫不予考虑，不管他是不是斯堪的纳维亚人，只要他值得，就应该授予奖金。

我在此声明，这样授予奖金是我的迫切愿望。这是我的唯一有效的遗嘱。在我死后，若发现以前任何有关财产处理的遗嘱，一概作废。

阿尔弗雷德·伯哈德·诺贝尔
1895年11月27日

1898年5月21日，瑞典国王宣布诺贝尔遗嘱生效。1900年6月29日，瑞典国会通过了诺贝尔基金会章程。1901年12月10日，即诺贝尔逝世5周年纪念日，首次诺贝尔奖颁发。

从诺贝尔奖颁发以来，全世界的科学技术得到了迅猛的发展，人们对于诺贝尔当初设立这个奖项的初衷也开始有了一定的了解。

诺贝尔奖包括金质奖章、证书和奖金支票。其中奖金数视基金会的收入而定，奖金的面值由于通货膨胀逐年有所提高，最初约为3万多美元，20世纪60年代约为7.5万美元，20世纪80年代约为22万美元，而丁肇中所获得的奖金则是在7.5万美元至22万美元之间。

金质奖章约重半磅，内含黄金，直径约为6.5厘米，正面是诺贝尔的浮雕像。不同奖项、奖章的背面饰物不同。

丁肇中获得的是诺贝尔物理学奖，金质的奖章重约200克，奖章直径为6.5厘米。奖章的正面是诺贝尔的侧面逼真浮雕像，头像的左侧刻着他的姓名：ALFRED NOBEL，右侧以拉丁文刻着他的生卒年月。奖章的反面浮雕有代表自然的女神和代表科学的女神。自然女神从云层中出来，她的右手怀抱一个丰饶角，里面放满了丰硕的果实。在自然女神的左边，科学女神正用她具有魔力之手轻轻地揭开蒙在自然女神那冰冷而严肃的面孔上的面纱。自然女神和科学女神的周围刻有一段文字：INVENTAS VITAM JUVAT EXCOLUISSEPER ARTES。意思就是：发明使由艺术装饰的生活更美好。

在浮雕像的正下方平坦处，刻有"Samuel C.C.Ting"（丁肇中的英文名）的字样和获奖年份1976年。另外，奖章的下边还刻有"REG.ACAD. SCIENT.SUEC"的字样，这是瑞典皇家自然科学院的简写。获奖证书上方印有发现"J"粒子的内容，紧接着就是丁肇中的英文名字。另外，图形和其他学科的获奖证书也有区别。

从1901年诺贝尔奖第一次颁发以来到今天，诺贝尔奖已经成为一种象征，一种科学奖的最高荣誉。当年，丁肇中凭借着自己独特的眼光和智慧，选择从事粒子物理学的实验研究，又凭着自己的实验、凭着自己的坚韧获得了1976年的诺贝尔物理学奖，他为丁氏家族争了光，更为中华民族争了光。

第七章

CHAOYUECHUANGXIN

超越创新

①

唐孝威

丁肇中在获得1976年的诺贝尔物理学奖之后，又开始了新的研究历程，继续从事光与重光子之间关系的研究。早在1975年的下半年，丁肇中就开始准备另一个新实验——质子与质子对撞。为了进行这个实验，丁肇中不得不使用当时物理学界最先进的仪器——电子对撞机。

当时，美国和联邦德国都在建造一种新型电子–正电子对撞机，但相对于美国所建造的那台对撞机来说，联邦德国那台对撞机建造速度较快，估计1978年就可以交付使用，并且那台对撞机能量又高，更何况丁肇中在联邦德国工作多年，对那里的情况比较了解，可能更加有利于自己的工作。权衡了其中的利弊之后，丁肇中决定带领他的实验组奔赴位于联邦德国汉堡的德意志电子同步加速器研究中心，从事高能正负电子对撞物理实验。

在德国汉堡的这台电子对撞机上，共有4个实验小组，分别在4个大型探测器——杰德探测器、马克·杰探测器、普卢托探测器和塔索探测器上面进行不同种类的工作，不过他们每个实验组所得到的实验能量却是相同的。而丁肇中领导的实验组就在其中的马克·杰探测器上做实验，因此丁肇中实验组也被称为"马克·杰实验组"。

马克·杰大型探测器是一个3层楼高的庞然大物，像月球似的里里外外分布着数百个不同类型的探测器、几千台电子学仪器。为了时刻掌握马克·杰的工作情况，他们还使用了6台闭路彩色监视器，从上下、左右、前后等不同的方向观察马克·杰，一旦有异常情况发生，控制室可以及时采取措施。因此，这个实验组的人员必须配备齐全，这样才能有效地进行实验。

因此，丁肇中必须吸引更多的物理学家进入自己的实验小组，而中国高能物理学家则在此列。

1978年1月，中国高能物理学家一行在唐孝威的带领下出现在法国巴黎机场，准备加入丁肇中实验小组参加实验。当时由于丁肇中忙着实验前的准备工作，并没有太多的时间去机场接机，他准备在汉堡火车站迎接他们。

然而，他还是非常重视中国科学家加入实验小组的事情，于是特地派了自己的行政秘书苏珊·马克斯去巴黎机场接机。从巴黎机场再坐飞机到德国波恩，再从波恩坐火车到汉堡，唐孝威一行忍受了旅途的颠簸，心中只有一个愿望——早点见到丁肇中教授，早点进行实验，因为他们此行的目的非常明确：学习、交流。

当唐孝威一行经过长途跋涉到达德国汉堡火车站的时候，平时难得一见的笑容堆满了丁肇中的脸庞，他紧紧握着唐孝威一行的手，久久不肯放下。来到国外这么久，他还是第一次在异地的火车站见到故乡的同行，同时也是故乡的亲人。看到唐孝威一行朝气蓬勃的脸，丁肇中明白，这些年富力强、风华正茂的同行正是中国高能物理工作者的优秀代表，祖国把这些人交给自己，自己唯有手把手地教会他们、亲手带领他们进入高能物理学的前沿才能不辱使命，才能对得起故乡的亲人……

唐孝威一行总共7个人加入了丁肇中实验小组，同年3月又有3个中国科学家加入了丁肇中实验小组，至此，中国总共有10个高能物理学家在丁肇中的实验小组里参加实验，当然，这还只是第一批参加丁肇中实验小组的工作人员。后来，在丁肇中的继续努力下，先后又有17名中国科学家加入了马克·杰实验小组，也就是说总共有27个中国科学家成了丁肇中的同事。

这27个中国科学家都是物理学界的精英，年轻有为，他们的平均年龄还不到40岁，这可正是人生中精力最充沛的时刻啊，祖国选派这些人来向丁肇中学习的目的只有一个：让他们学有所成，回来报效祖国！这个团队的每个成员都知道压在自己肩上的担子有多重，如果自己不努力工作的话，不仅仅浪费自己的青春，还辜负了祖国对自己的深切期望，辜负了丁肇中对自己的培养！想到这些，团队的每一个成员心里都沉甸甸的，时刻鞭策着自己尽一切努力去完成工作，尽最大的能力来做好自己的工作！特别是这个团队的队长唐孝威，更是如此。

可能很多人并不了解唐孝威，只知其名，不知其人。在这里简要地介绍一下他：

唐孝威来到丁肇中实验小组是他第二次参与重大国际科技合作研究。唐孝威第一次参加这种重大国际科技合作研究还是在二十几年前，那个时候的他才刚刚从清华大学物理系毕业进入中国科学院近代物理所不久，年纪还比较小，只有25岁。当时，他就被派到苏联的莫斯科杜布纳联合原子核研究所工作。杜布纳在20世纪50年代是世界瞩目的高能物理研究基地，建有当时能量超过美国的世界最大的质子加速器。在中国物理界老前辈的带领下，一大批青年科技人员先后在杜布纳工作、学习。包括唐孝威在内的这批年轻人，为中国自力更生、奋发图强、自主研制原子弹与氢弹立了大功。年轻的唐孝威经历了十年浩劫，眼看着自己的祖国一天天落后于外国，心里很不是滋味，他在心里默默地告诉自己，如果有一天，自己能再次回到物理学研究前沿，一定要努力工作，把耽误掉的10年时间补回来！如今，20多年已过，年轻的一代又起来了，唐孝威终于抓住机会，来到了丁肇中的身边，他终于如愿以偿，再一次回到了物理学的前沿。

他们明白，在中国耽误掉的10年时间里，其他国家已经做了很多事情，特别是科技方面更有了飞速的发展，中国人落后的不仅仅是10年的经济建设，更是10年的科研时间。

唐孝威刚到德国汉堡就被同步加速器中心24小时工作的复印机给吸引了，它的工作给实验人员节省了很多时间，而本来这些时间都用在抄写上。这种机器在当时的中国是根本不可能拥有的。唐孝威记得非常清楚，在他出国之前，有一次需要用到电子计算机，他为此足足奔波了好几天。这个窘况在德国汉堡这个加速器中心是不存在的，这里的研究人员可以随时随地地使用大功率的计算机，可以用这些计算机随时随地地进行收集、分析数据。这一切，唐孝威看在眼里、急在心里，中国和外国的科技距离真的拉得太大了，如果不使劲追赶，中华民族有可能再一次陷入"落后就要挨打"的困境。

作为一个有高度社会责任感的知识分子，唐孝威以国事为重，为国事担忧，他反复地对自己说，目前唯一要做的事情就是学好本领、做好工作！其实，这一切丁肇中也都明白，他虽然身在国外，心却始终向着祖国。祖国经受十年浩劫，丁肇中同样心痛，中华民族向来都是一个非常优秀的民族，他不希望华夏子孙被别人瞧不起。他相信，一切阴霾都会很快过去，中国人民会勇敢地站起来，中国也会很快在世界大国中重现辉煌！

丁肇中和唐孝威想得都没有错，在1978年的中国大地上，一切都开始了浩劫之后的复苏，人们振奋起来，各行各业的人都在欢呼、庆贺新的生活重新回到身边。整装待发的知识分子、科学家们为吹响"向科学进军"的号角而秣马厉兵，科学的春天正缓步向人们走来，中国科学家勇敢地站了起来，他们向全世界宣示：不甘落后的中国科学家是只有第一，没有第二！

看着中国蓬勃的形式，丁肇中心里同样充满了希望，他带着唐孝威一行更加努力地攻克科学难关。中国科学家在国外工作首先要克服的就是语言障碍。实验小组的工作人员来自不同的国家，使用的语言是国际通用语言——英语，当时的中国科学家对英语还比较陌生，甚至连基本的交流都不能完成，工作一度受到影响。但是唐孝威一行并没有被眼前的困难吓住，而是选择迎难而上，现学现用。

丁肇中也明白唐孝威等人的困境，决心帮助他们。于是他把中国科学家分配到各个小组，以便他们能更好地适应和不同的人进行交流。他还建议中国科学家主动去找外国同事交谈，将对方的谈话录下来，带回宿舍再一遍一遍地听，反复跟着念，甚至还让自己的行政秘书苏珊·马克斯和她的两个女儿放弃休息时间来教他们英语……

在大家的共同帮助和努力下，语言关终于克服了，经过半年多的学习和努力，唐孝威一行能轻松地与外国同事进行交流了，接下来就是正式参与实验了。为了使中国研究人员更好的学习外国研究人员的长处，丁肇中特别安排中国科学实验小组的科学家与联邦德国、美国、荷兰等国同行一起，在实验大厅里建造、安装马克·杰探测器，以寻找被物理学家称为顶夸克的粒子。

由于中国这批物理学工作者大都是刚从低能物理转过来的"新兵"，从来没有见过高能物理实验这样先进而复杂的设备，因此，他们一切都必须从零开始。刚开始的时候，中国科学家还不能适应实验小组快节奏的工作进度。原来，丁肇中的马克·杰实验组的准备工作比其他3个实验组的要晚一年多时间。换句话说，他们必须在不到10个月的时间内，完成2年的工作量。因此，马克·杰实验组的工作量很大，他们每天得紧张地工作十几个小时，没有午休，没有周末。不过唐孝威等人凭借着自己的毅力克服了这个困难，迅速地融入这种紧张的工作之中，赢得了外国科学家们的好评。

在丁肇中的教导下，唐孝威等人已经完全掌握了实验的基本技巧。为了更进一步地锻炼他们，丁肇中又费尽心思地将他们抽出来，单独分配任务，在没有任何人指导的情况下独立完成任务，这样一来，中国科学家的实验能力得到了很好的锻炼。结果是好的，可是过程并不是一件容易的事情。虽然说当时的中国科学家基本掌握了实验的技巧和要求，但毕竟是第一次独立进行实验，知识性的不足是他们普遍的"硬伤"。有时候，为了设计一个符合实验的计算程序，他们需要工作好几天；为了验证一个数据的正确性，他们不得不在计算机前反复演算、反复校对……每天从上午9点准时开始工作，一直持续到午夜12点，他们以最大的努力参与到实验的准备工作中。虽然唐孝威是中国组内年龄最大的科研员，但他像其他成员一样参加具体的实验工作，每天一样紧张工作长达15小时。短短几个月，他们每个人都瘦了一圈！

功夫不负有心人，唐孝威等人在丁肇中的培养下，渐渐熟悉了实验，加上自身的坚持和努力，实验本领得到长足的提升，成为马克·杰实验组一支重要的生力军并且发挥起重要的作用！

刚开始工作不久，唐孝威就发现马克·杰大型探测器中的一个核心部分——电磁量能器的设计存在缺陷，如果不重新设计，将会影响实验的进程和效率。在发现这个缺陷之后，唐孝威一刻都不敢耽误，他立刻将自己发现的这个情况报告给了丁肇中，并且建议丁肇中重新修改设计。

丁肇中明白中国科学家的眼光，但是他也相信设计者的能力，犹豫不决之下，他召集全部实验人员，向他们通报了唐孝威的建议，因为他想听听同事们的意见。当丁肇中将唐孝威的意见在实验组内宣布后，引起了极大的震动，人们纷纷表示不理解。这其实是有原因的：马克·杰实验小组成立的时间原本就比其他实验小组要短，如果这个时候再重新设计电磁量能器，就更会耽误时间了，说不定还不能在预期的时间内完成实验，这可是大事情啊！丁肇中明白时间的重要性，但是也同样明白仪器的重要性，想当年，在"J"粒子的实验中，他就是在原有加速器的基础上设计了高分辨率的探测器而获得了成功，而在同一台加速器上工作的莱德曼教授却失败了！从这个角度出发，丁肇中觉得唐孝威的建议是具有现实意义的，于是他当机立断，重新设计电磁量能器！

虽然重新设计电磁量能器花了一些时间，可是后来的实验证明，丁肇中的决定是对的，唐孝威的建议是有效的，新设计的电磁量能器对改善马克·杰探测器的性能起了重要作用。1978年10月24日凌晨6点，丁肇中实验小组的实验经过实验小组成员一年左右的共同努力，比预定的时间提前2个小时完成了马克·杰这台大型探测器的安装和调试工作，成为佩特拉对撞机上4个实验中第一批进入实验的2个实验组之一。而取得这样的成绩，唐孝威功不可没。很多年以后，丁肇中对唐孝威在马克·杰实验组的工作仍记忆犹新，他曾向记者讲述过唐孝威对马克·杰探测器设计的重要贡献：

唐教授对当时马克·杰实验组已经设计好的实验方案进行初步了解后，提出一个重要的改进意见。当我把唐的建议在组内宣布后，大家争议很大，因为这样要增加很多工作量。但是唐提出的改进建议毕竟太重要了，经过讨论，组里终于都同意照他的建议修改原来的设计方案。

当时参加丁肇中实验小组的科学家除了唐孝威等人是来自中国的之外，还有来自美国、德国、荷兰、日本、英国、法国等其他国家的，他们都对唐孝威以及中国科学家有了一个初步的认识，并且相信，在不久的将来，有了这样优秀的科学家，中国一定会成为一个科技大国。

经历了这件事情之后，唐孝威也明白了一个道理：做实验就要踏踏实实，一步都不能放松，就像丁肇中研究"J"粒子一样，要相信自己的眼睛，相信自己的能力，并反复求证，不能有一丝一毫的侥幸心理，否则一切终将成空！

② 寻找胶子

丁肇中在获得了诺贝尔物理学奖之后，并没有沾沾自喜，他非常明白，想要探索物理学界的奥秘，光靠发现一个粒子是完全不够的，只有再接再厉，才能有更多的发现。因此，他还是在高能物理界进行着不懈的努力。他在一次实验的时候，突然想到如果正负电子对撞这种理论成立的话，那么就可以产生夸克、反夸克和胶子，这样，就会出现三个喷注的现象。想到这些，丁肇中又一次当机立断，将实验初衷进行了修改，开始带领马克·杰实验小组寻找胶子存在的证据。他知道，这是一个全新的领域，虽然很多人曾经提出过相关理论，可是并没有人真正做过相应的实验或者说得到什么有力的证据，如果自己这次能获得这样的证据，那对物理学界肯定又是一个巨大的贡献。

想到这些，丁肇中顾不上对美好前景进行憧憬，匆匆开始了实验前的准备工作。行文至此，或许很多人都不明白什么是夸克、什么是胶子，因此笔者在这里进行简要的介绍：

早在1962年的日内瓦国际讨论会上，年仅31岁的美国加州理工学院教授盖尔曼为会议提供了一张基本粒子的"周期表"，把当时已发表的100多种粒子进行了分门别类，并且他指着其中的一个空格预言道："如果我的理论是正确的，那么这里应该有一个带负电的粒子，质量约为质子的两倍，我们可以叫它'Ω'粒子，可惜它现在还没有被发现。"

1964年，Ω粒子被发现，可是盖尔曼知道自己的理论并不是非常完善，那张表格上还有3个位置没有被填满。同时盖尔曼也明白，这3个位置的东西理应由3种比基本粒子更深一层的亚粒子来占据。在一次闲聊中，盖尔曼给这些亚粒子取名叫"夸克"。

那么胶子又是什么呢？它是一种在强子内部的奇特的粒子，胶子所传递的作用力与以往人们所认识的粒子传递作用力有所不同，当两个粒子靠近时，这种力变弱，而当两个粒子分开的时候，这种力就增大。强力可能就是因交换胶子而引起的相互作用力。

在丁肇中发现了"J"粒子之后，一种强烈的愿望将他带入了这种微小世界里，驱使他寻找其中一个又一个的成员。

1969年，又一件让高能物理界产生极大反响的事情发生了，丁肇中在进行了细致的了解之后才发现其中的微妙：

原来，在美国斯坦福直线加速器中心进行的高能物理实验中发现一个新现象：当一群电子沿着长达3000米的直线加速器拼命奔跑，加速到25GeV的高能时，实验物理学家用这些接近光速的电子去轰击氢靶中的质子，实验结果表明，这群电子在核子里似乎是撞上了一些小小的荷电体，这些荷电体带有分数电荷，竟然是5年前盖尔曼预言过的夸克。更令人惊奇的是，这些夸克并不像人们猜想的那样紧密地耦合在一起，相反，它们在核子里相当自由，你只要给它们一点"冲力"，就可以很轻易地推动它们。

那么这么说，人们是不是就能分离出夸克了呢？许多高能物理科学家也进行过这种分离夸克的实验，可是很不幸，这些实验都失败了，因为一旦将夸克从强子中拉出来之后，这些夸克就不再是原来的夸克了，而是莫名其妙地变成了别的强子。用一种更为形象的说法就是：强子就是夸克的场所，在里面它可以自由自在地流动，可是如果它想摆脱强子的束缚，那是绝对不可能的，即便夸克能借助其他的力量"冲"出强子，可是这个时候它已经不是夸克了，而变成了一个新的强子。看到这种情景，曾经有科学家戏称，大自然给夸克判了"终身监禁"，永远也逃不出强子的手掌心了！

可是科学家们并没有灰心，还是一直在坚持着这个实验。直到1973年，实验才有了进一步的发展。有一次，实验物理学家在轰击核子的时候，改换了一种"炮弹"。以前在做轰击核子的实验的时候，所用的"炮弹"一般都是电子，可是这一次，实验物理学家用中微子代替了电子对核子进行轰击，这一轰击可不要紧，新的现象出现了：

中微子是一种没有电荷、没有磁矩、没有强相互作用，也没有电磁相互作用，只参与弱相互作用的点状粒子，可是在实验过程中，研究者却发现核子的一半动量竟然莫名其妙地"失踪"了。原因何在呢？难道被"偷"了？

一些科学家马上就这个现象展开了激烈的讨论，最后认定："偷"这个动量的"小偷"是隐藏在强子里面的一种新物质，它就是使得夸克胶合在一起，造成夸克被禁闭在强子里面的物质，这也就是科学家们要寻找的"胶子"。在以后的实验中，科学家们发现胶子是一个非常狡猾的粒子，它的脾气也非常古怪。甚至它究竟存在与否，科学家们还没有找到确切的证据来证明。但是丁肇中相信，即便胶子非常狡猾，它一定会在某些地方露出自己的"狐狸尾巴"，毕竟它"偷"走了那么多核子的动量，绝对不可能不留下自己的痕迹。也正是因为想到这个，丁肇中才决心要揭开胶子之谜。

1978年，在日本东京召开的国际高能物理会议上，有几位物理学家的发言，对正在探索基本粒子结构的科学家来说是一帖兴奋剂。这几位物理学家报告说，通过分析中微子、电子与核子相互作用的实验数据，并经过周密的计算，证实了理论上预言过的胶子对夸克的作用。这对于丁肇中等人来说是多么大的一个喜讯啊，丁肇中来不及多想，立刻开始准备寻找胶子的实验。

可是到底要如何才能进一步证实胶子的存在呢？丁肇中想起了几年前，在高能电子-正电子碰撞实验中，曾发现新产生的粒子集中形成两股细细的喷流射出来，当时它们被称为"双喷注"，这是由两个夸克变出来的。丁肇中接着往下想：如果强子中除了夸克之外，确实还有胶子的话，应该还可以探测到由胶子形成的第三股喷注。这只是丁肇中的一个实验设想，真正要进行实验，还需要进行很多的工作。首先是选定实验场所。当时的美国和联邦德国都在建造一种新型的电子-正电子对撞机，丁肇中在考虑了综合情况之后，决定去联邦德国的对撞机上进行实验。

联邦德国汉堡电子同步加速器研究中心所建造的佩特拉正负电子对撞机是当时世界上正在运行的能量最高的正负电子对撞束储存环。因此丁肇中到这个地方来做实验是一个明智的选择。要知道，这个加速器的周长为2.3千米，拥有8个很长的直线加速段，其中2个装有高频加速腔，功率为4.5兆瓦，实际能量最高达到让1960亿电子伏特的正电子和190亿电子伏特的电子在装置内进行对撞。

那么，三喷注现象到底存不存在呢？丁肇中一时陷入重重迷雾中。

③

三喷注现象

1978年秋天，马克·杰仪器在经过了重新设计之后开始运转了，丁肇中实验小组都憋足了一股劲，要抢先别人一步揭开胶子的秘密，再一次成为众人瞩目的焦点。

然而，要想寻找美丽的胶子并不是一件容易的事情，因为三喷注现象发生的概率很小，而且还特别难分辨。

与以往一样，丁肇中和自己的同事们并没有因为前方的道路困难重重而放弃追求自己的目标，他们对马克·杰探测器进行了精心的设计：粒子流通过时所发生的现象只经历十亿分之四秒，但是马克·杰探测器却能在如此之短的时间内将发生的每一件事例进行筛选、记录和解释，虽然它看起来比较笨重，可是运行起来却非常灵活，准确度高，成为当时的一个奇迹。从这一点就可以看出，丁肇中实验小组在这个实验上花费的成本相当高。因此丁肇中告诫自己的同事：一定要成功，不许失败！

在这样的压力下，丁肇中实验小组开始实验了。不久之后，他们就得到第一批实验结果：首次测量到电子、μ子、τ子的半径小于2×10^{-16}厘米，进一步了解到它们比原来认识的更小。这样，丁肇中等人也就证明了2×10^{-16}厘米这样小的范围外，量子电动力学对于光子与物质相互作用的描述仍然是正确的。他们将这一实验结果写成论文，寄给了《物理评论快报》编辑部。但是，新闻界对他们取得的这项成果并没有大肆宣扬，因为，丁肇中这次的实验成果是验证了一条定律，而不是推翻一条定律，如果是后者的话，或许更能吸引读者的眼球。

丁肇中并没有计较那么多，他还是领着自己的实验小组按部就班地进行紧张的实验。一天，加速器输出的正负电子能量达到17GeV的时候，值班的科学家观察到了由2个夸克形成的两束喷注，但是这种喷注在以前的实验中就曾经看到过，并没有什么新意，没有引起多大的轰动，可是这对于丁肇中实验小组来说，却是一个非常不错的现象。

因为按照理论预测，当加速器输送出来的正负电子能量继续增加时，应该在某一能量区可以观测到第三束喷注。可是这个能量到底在哪个区域、什么时候出现呢？丁肇中不知道，他的同事也不知道。谁都不会知道它会在什么时候出现、在什么能量区域内出现，甚至还有可能理论是错误的！

在加速器能量往上升的时候，每个人的心里都充满了紧张和激动，这种心情非常复杂，如果真的在某个能量区域内观察到三喷注现象，那么也就证明实验成功了，理论是正确的，一切都能得到合理的解释。可是如果没有观察到三喷注现象，那么他们的实验也就失败了，或者就是理论出现了错误，那么到底什么样的理论才是正确的呢？

丁肇中等人不敢多想，他们还是静静地在观察室里等待，等待最终的实验结果。这种等待是一种漫长的煎熬，也是一种幸福。就如同年轻的父亲在手术室门口等待呱呱坠地的孩子到来一样，心情是激动的，也是担心的，虽然这一段时间在别人眼中弹指一挥，可是在丁肇中他们这里，却每一分每一秒都很漫长……

终于在1979年6月的一天，丁肇中实验小组在实验室里观察到了预测中的三喷注现象。当加速器输出的正负电子的能量达到27.4GeV~31.6 GeV时，实验显示出确实有第三股喷注的迹象。再经过几个星期的日夜观察、分析，他们已经得到比较多的这种事例。至此，丁肇中实验小组再一次赢了！

那么到底什么是喷注呢？

所谓喷注，是指某些高能粒子反应中末态最可能产生多个强子。随着正负电子能量不断升高，产生的强子数目也就越来越多。这些末态强子飞行的方向的分布并不是各向同性的，而是集中在某几个最小的区域内，很像从正负电子对撞点喷射出去的几束粒子注，因此被称为"喷注"。所谓双喷注就是对撞的正负电子能量不很高时，强子末态形成的两股喷注。而丁肇中和他的同事所发现的三喷注则和双喷注末态有所不同，它所辐射胶子的夸克（或反夸克）形成的喷注比较窄，其中强子的动量比较小，更加容易辨认。

两个月的时间很快就过去了，和丁肇中一起实验的其他三个实验小组也先后观察到了三喷注现象。虽然他们比丁肇中实验小组要早进行实验很长时间，可是最终他们还是没有赢过丁肇中，甚至他们发现的实例还不及丁肇中实验小组发现的一半。原因很简单：唐孝威对马克·杰的仪器重新设计电磁量能器是正确的。

丁肇中实验小组的成就，在当时的物理学界再一次掀起了风暴，人们对他的评价又开始了。著名物理学家、德意志电子同步加速器研究中心主任朔佩尔教授发表文章，确认胶子存在的证据是丁肇中领导的马克·杰实验组最先发现的。后来，朔佩尔在谈起丁肇中时，曾经说过一段有趣的话：

"没有一个人可以成为丁肇中的老师和上级，他只面对上帝。"丁肇中是一个个性很强的人，独立性很强，他一定要做到他要做的事，主意很明确、坚定，从不偏离他的想法。也许因为中国文化教育的背景，他谦虚，尽量不伤害别人，对合作者要求非常严格，他自己工作也很勤奋、努力。

另外，一同工作的美国学者纽曼（当时是博士后）对胶子发现的情况撰写了一篇详细的论文，说明马克·杰实验组最先发现胶子存在的证据，其中，他还提及了中国物理学工作者在这次实验中的重要贡献："重要的工作来自中国。"

面对这些评价，最高兴的当属丁肇中和唐孝威他们了，这可是他们第一次在高能物理实验方面品尝到收获的滋味。面对这些荣誉，有些中国科学家不禁泪流满面，因为自从中国遭受了十年浩劫，世界对中国的印象就是贫穷落后，特别是在高能物理实验方面，由于受到经济、环境的制约，中国很难有什么大的发现，可是今天，中国高能物理学家做到了，为中国人民争了光，为千千万万的华人争了光……

丁肇中看着这些欣喜若狂的中国同事，心情很复杂，他知道这个时候他们兴奋的心情是可以理解的，但是冷静也是需要的。因为一个科学家一旦失去了冷静，就会走入偏道。科学家做实验要把利益、名誉放在最后，最重要的是要明白自己所做出来的实验是不是对人类有帮助！

想到这些，丁肇中召集所有的小组成员开了一个会议，以自己发现"J"粒子为例子，向他们表达了自己的意思，很快，实验室又恢复了往日的冷静。

经过冷静的分析，丁肇中实验小组又得出了一个结论：根据在13GeV、17GeV、22GeV、27.4GeV、30GeV、31.6GeV几个能量处R值的测量，没有发现任何新的轻子和第六种夸克等基本粒子。通过对喷注结构分析，也得到同样的结论。这就说明第六种夸克可能在27GeV~30GeV范围内出现的理论预言并不正确。

接下来就是准备发表这个实验结果，丁肇中为此做了充分的准备，从演讲稿到幻灯片到图表，他都进行了仔细的斟酌和思考。长时间的科学研究让他养成了这种谨慎的习惯，他反复修改自己的演讲稿，如果遇到什么不太满意的地方，就召集身边的同事，请求他们给予指导，然后进行预讲。在这过程中，实验组成员可以随时打断他的演讲，并且直截了当地指出哪些地方讲得不对或不恰当，或要求将某一段重讲一遍，就如同20世纪50年代大学时期严师在口试中对学生指出哪些不足之处那样，丁肇中也极像一个谦虚向上的学生一样，直到在座的所有听众都没有异议，他才露出满意的微笑。在实验过程中，丁肇中是一个非常严肃的人，如果他能露出微笑，说明一切都明白了，一切都几乎达到了完美的程度，丁肇中对学术研究的科学态度可见一斑。

在做了充分的准备之后，丁肇中于1979年8月在国际粒子物理学界最重要的国际学术会议——国际轻子光子会议上正式宣读了自己的第三批实验报告，他在演讲中说道："我们看到了一种有趣的三喷注现象，它们可以解释为2个夸克和1个胶子形成的强子产物。"因此很多科学家都简单地理解为丁肇中找到了胶子，可是对此，丁肇中却保持一种谨慎的态度，他非常严肃地纠正说："到现在为止都不能说已经证明了胶子的存在，至多只能说，如果有胶子存在，才能解释实验事实。"由此可见丁肇中在科学研究上的严谨态度，他的回答也让中国科学家唐孝威等人受到了启发：科学，必须与严谨相关联，多说、少说都不行，在以后的科学研究中，一定要遵守这个原则，向丁肇中学习！

4/

来自中国的声音

在丁肇中发表了实验报告之后，唐孝威也于同一年在美国物理学会上，代表马克·杰实验小组作了关于发现胶子的学术报告。唐孝威的报告深入浅出，将深奥的尖端物理学以一种通俗易懂的话给表达了出来，并且配以精彩的图片、表格，即便是一个普通人也能听懂。他的报告受到了与会者的一致好评，大家都纷纷向唐孝威竖起了大拇指。大会主席面对唐孝威也不免称赞两句说："这是30年来，新中国的代表第一次在美国物理学年会上作报告。"

确实如同大会主席说的一样，新中国经历了战火、经历了十年浩劫，在当时来说，根本就没时间去发展自己的科技，特别是对于高能物理学这方面，简直是一片空白，连最基本的工作都不能满足，更不用说获得什么样的研究成果，也就更谈不上在美国物理学年会上发表演讲。这一次，唐孝威的声音在这里响起，也就间接地向世界宣布，中国科技站起来了，中国人民也站起来了，真正地站起来并且开始走向富强了！

一些与会的华裔物理学者听到唐孝威的报告更是异常兴奋，他们含着激动的泪水说："我们为能在美国物理学年会上听到祖国的声音而自豪。"祖国的声音、华夏子孙的声音，一个多么亲切、多么久违的声音，这一次终于在美国物理学年会上响起，自从丁肇中在诺贝尔奖大厅让炎黄之声第一次响起之后，这个声音就一直萦绕在华人的心里，特别是这些华人科学家，更是对这个声音有一种特别的期待！这次实验还有一个让中国人感到自豪的地方，美国麻省理工学院出版的报纸在介绍发现三喷注现象的主要贡献者时，仅提到的五六个人中就有中国科学家唐孝威。

唐孝威在美国物理学年会上的声音也传到中国，中国各大报刊也纷纷以头版头条的显要位置来迎接这个来自大洋彼岸的特殊的声音：

新华社北京电　引起全世界科学技术界极大兴趣的新粒子——胶子的发现，是由著名美籍物理学家丁肇中教授领导的高能物理实验组，最近在联邦德国汉堡的一台高能加速器上找到实验证据的。中国科学院高能物理研究所唐孝威等20多位科学工作者也参加了这项实验研究工作。

我国科学工作者收到了丁肇中实验组发表的一篇论文，这篇论文公布了这种胶子存在的实验数据。刚从丁肇中教授领导小组归来的中国科学院高能物理研究所科学工作者在一次学术报告会上说，丁肇中教授领导的实验组自1978年11月在联邦德国汉堡电子同步加速器研究中心，利用一台目前世界上能量最高的加速正负电子的对撞机寻找新的粒子，并研究高能物理的新现象。他们经过半年多的努力，在对一种称为"喷注"的现象进行分析的过程中，在质心能量从274亿~316亿电子伏特的范围内，找到了446个喷注事例，并对这些事例的能流分布进行了大量的分析计算后，首次找到了胶子存在的实验证据。这一重要发现，对于加深人类对物质微观结构的认识，具有重大的意义。

物质是由分子组成的，分子是由原子组成的，原子是由电子和原子核组成的，原子核是由质子和中子组成的。质子、中子这一类粒子统称为强子，它们是由层子组成的。近10年来，科学家们曾经预言，层子之间很强的相互作用力，是通过一种称为胶子的新粒子传递的。它们像胶子一样，以很强的力量把层子和层子粘在一起。但是，胶子是否真的存在，一直是个悬而未决的问题。过去，已经有实验证实5种层子的存在，但是一直没有找到胶子存在的实验证据。丁肇中教授领导的小组所进行的实验，首次回答了这个问题，从实验上证实了胶子的存在，从而引起了全世界高能物理学界极大的兴趣，这也是对高能物理领域中强作用理论的一个有力的支

第七章

超越创新

持。丁肇中教授领导的小组，除有我国科学工作者参加外，还有美国麻省理工学院、联邦德国汉堡电子同步加速器研究中心、联邦德国亚琛大学物理研究所、荷兰核子和高能研究所的科学家参加。

唐孝威在美国物理学年会上的声音振奋了祖国的亲人，也振奋了丁肇中这颗怀念故乡的心，当记者问丁肇中"参加您的实验组的中国科学工作者表现怎样"时，丁肇中答道："表现很好，很能干。"在他的心目中，这才是中华民族优秀科学工作者应该有的风采，遥想当年丁肇中还是一个中学生的时候，得知了李政道和杨振宁获得诺贝尔物理学奖，他心中默默地告诫自己，一定要成为像他们一样的人，这样才不会辱没自己的祖先。就像母亲经常跟自己说过的一样：不管你在哪一行工作，都要成为那一行的佼佼者。所以他一直努力，一直坚信母亲的话，终于在自己的岗位上站成了一片美丽的风景。

在丁肇中的影响下，唐孝威等人也开始明白了自己要达到的目标并不仅仅是学成归来那么简单，而是要和丁肇中一样，站出一片风景，即便身处悬崖峭壁，也要让自己的身影成为世界上最美丽的风景！

唐孝威明白，虽然自己不能和丁肇中相比，可是他相信，总有一天自己和同事在丁肇中的带领下，一定能做出更多的成就，一定能为中国人争得更多的荣誉！

1979年9月，丁肇中应中国科学院的邀请来中国进行学术交流和讲学。丁肇中在东道主钱三强面前，对中国科学院选派的青年物理学工作者们的工作给予了极高的评价。他说："我个人的印象是，中国物理学工作者是勤奋的、富有创造力的，他们在实验的各个方面都做出了重要贡献。要是没有中国物理学工作者的努力，我们的工作不可能做得像现在这样好。" 1995年10月，丁肇中在接受《中国科学报》记者专访时，又一次提到十几年前中国科学工作者在发现胶子的高能物理实验中所做出的重要贡献，并表示对他们留下了终身难忘的美好印象。他告诉记者："我对中国科学家小组的许多很好印象是从唐孝威教授身上开始的。当年唐教授先后领导的一批又一批中国同事，大多数现已成为中国高能物理实验方面的骨干力量了。其中唐教授领导的、参加马克·杰实验组工作的第一批10位工作者，现在全都是教授，他们中间有院士、所长、室主任。"

　　暂且不说唐孝威回国后如何为中国的科学技术做贡献，仅仅凭借他在美国物理学会上的声音，他就已经是千千万万华人的骄傲了。这也不仅仅是一种象征，更是一种力量，激励着年轻一代向科学更高的山峰进军！

第八章

L3实验组

1

莱普对撞机

由于丁肇中总是能出色地完成实验，并且能很好地领导自己的同事，所以丁肇中在高能物理界成了一个炙手可热的人物，各大型研究所、研究机构、大学都向他伸出了加盟之手，欢迎丁肇中到自己的研究机构来工作，带领团队开展实验。有人曾经担心丁肇中在获得诺贝尔物理学奖之后，就会出现马丁·赖尔和安东尼·休伊什授奖时的问题，因为过于强调个人获奖的规定，引起曾经共同参与研究项目的许多人员的抱怨。美国《科学新闻》评论说："参加实验工作的有好几十人，却只有两个头头分获了奖金。这会使大实验组织的领导人员受到越来越棘手的来自下属的挑战。"但是丁肇中凭借着独特的人格魅力，不仅避免了这种尴尬，还一次又一次地组织起大实验。

在证明胶子存在的"三喷注"实验之后，丁肇中又于1981年成功组建并领导了L3实验组。所谓"L3"是"第三个意向书"（The Third Letter of Intent）的简称，它是一个首次在欧洲、美国、苏联和中国之间开始的大规模国际科研合作实验组，由来自美国、瑞士、中国、法国、德国、苏联、意大利等十几个国家或地区55个大学或研究所近600名科学家组成。

这个实验组资源非常丰富，后备资金投入约2亿美元，其主要目的是精确验证标准模型和发现新粒子（如夸克），以及确定新粒子之间的作用力。为了达到这个实验目的，欧洲高能物理学界专门召开了一场会议。1981年10月3日，由14个成员国代表组成的委员会会议一致通过了一项提案：在欧洲核子研究中心再建造一台新型高能正负电子对撞机。并且还将这台对撞机命名为"Large Elector Positron Collider"，简称"LEP"，中文音译为"莱普"。

经过几个月时间的考察研究，1982年年初，欧洲核子研究中心通过了会议提案，并且做出了计划，准备在已运行的5台高能加速器之外建造"莱普"，并且是越快越好！因为对于科学研究来说，时间就是一切！

高能物理学的飞速发展也促进了这些实验设备的飞速发展，从最初的小型加速器到后来的大型加速器，再到后来的电子对撞机，一直发展到今天，这种包含着高科技成分的对撞机已经得到了很大的发展，在上面所做的实验也越来越多，所探测的结构越来越小。就以"莱普"来说，它的实验目的就是要精确验证标准模型和发现新粒子（如夸克），以及确定新粒子之间的作用力。

对于这一切，丁肇中最有感触了，从他发现了"J"粒子以来，所研究的课题也是趋向于"微小化"，"J"粒子到夸克，再到胶子，这是一个发现的过程，而这个过程也标志着人类开始走入一个更加微小的世界，从这个微小的世界里寻找对人类有帮助的痕迹。

1983年9月13日，欧洲核子研究中心在日内瓦近郊举行盛况空前的"莱普"大型正负电子对撞机的奠基典礼，"莱普"对撞机正式开始兴建。当时法国和瑞士的领导人都同时参加了这个隆重的奠基典礼，可见当时的欧洲国家对高能物理学的重视。

经过6年多的紧张施工，1989年夏天，"莱普"终于"出炉"了，它一共耗资9亿瑞士法郎。质心系能量为91GeV，主加速器管道周长为27千米，隧道的直径为3.8米，设在横跨瑞士和法国两国边境的地下，离地面最浅50米，最深达170米。主环和对撞区的几个实验大厅都建在地下，正负电子在主环中以相反的方向运动，在主环的4个对撞点上实现对撞，围绕着4个对撞点安放4个大型探测器，以测量正负电子对撞后的产物。"莱普"对撞机的能量比过去号称世界能量最大的正负电子对撞机佩特拉的能量大一倍以上，其能量和规模堪称当时世界之最，能满足世界各国高能物理学家进行一系列物理学实验的要求。它的建造标志着另一个新的、更加先进的实验基地将会给高能物理界有更为重大的发现提供硬件上的帮助！

丁肇中这样优秀的科学家，很多研究机构都想聘请他。而"莱普"对撞机实验基地也不例外，因为它的规模、它的配置都是当时世界上一流的，因此，很多科学实验小组都想在上面做实验，特别是粒子物理学的实验组，纷纷提出实验计划。比如说有的实验组就提出发现一些新粒子的实验计划，还有的实验组提出验证一些物理理论的计划。丁肇中就是这些实验小组中的一个，他们所提出的实验计划是：通过实验来精确验证标准模型和发现新粒子（如夸克），以及确定新粒子之间的作用力。

在高能物理学界，丁肇中也可以算得上是位名人了，很多研究机构抢都来不及，哪有拒之门外的道理啊！因此，丁肇中所领导的L3实验小组非常顺利地进驻到了"莱普"实验基地的实验室里，开始准备下一步的实验。

在这场"莱普"使用权的争夺战争中，丁肇中所领导的L3实验小组之所以能顺利地进驻实验基地，完全靠的是自己的声誉。因为丁肇中和他过去领导的实验组在将近20年的时间里，做出了很多具有实际意义的科学发现，获得了一次又一次的巨大成功。因此丁肇中在高能物理学界享有非常高的声誉，他的计划也得到了很多同行的支持。在无记名投票中，丁肇中以绝对的优势取得了"莱普"对撞机的使用权。

虽然说"莱普"对撞机是当时世界上技术标准最高的实验基地，它由一系列的加速器组成，比丁肇中曾经做实验的"佩特拉"还要大一倍，但是这并不表示实验组一上去就能完成实验。在准备实验的时候，还是要设计一些仪器，以满足实验的要求。比如说在这个实验中，丁肇中就不得不亲自设计一些探测器来满足实验的要求。特别是在微观世界的物理实验，探测代替了实验者的眼睛，如果探测器设计好了、分辨率高了、灵活度加强了，那么实验起来也就省力多了，并且还能得到更好的实验结果。丁肇中发现"J"粒子就是一个实在的例子。

在这次实验中，丁肇中虽然已有了丰富的经验积累，但他还是不敢有丝毫马虎，他还是一如既往的以最高的标准来要求自己，务必让自己设计的探测器达到万无一失的标准！

BGO事件

为了给实验研制高分辨率的探测器，需要大量的原材料——锗酸铋晶体（BGO）。锗酸铋晶体是探测射线理想的探测器元件。因此，找到大量的锗酸铋晶体是研制探测器的首要任务。丁肇中经过多方打探消息，得知苏联有氧化锗，中国有氧化铋，而中国科学院上海硅酸盐研究所有可能在锗酸铋晶体的研究上取得成功。这样一来，似乎寻找"BGO"的问题就解决了。

可是事情没有丁肇中想的那么简单，首先的一个问题就是国与国之间的关系。当时的中国和苏联之间关系并不是很好，两国之间的贸易往来都很少，更不用说是这种高科技产品之间的交易了。但是丁肇中没有气馁，他以一个美国科学家的身份前往苏联交涉，并且发动自己苏联的同事一同来争取，希望苏联能给中国上海硅酸盐研究所提供氧化锗以完成自己的实验。

考虑到加强两国之间关系的问题，也同时考虑到丁肇中实验的重要性的问题，最后苏联政府竟然同意了丁肇中的要求，为中国上海硅酸盐研究所提供制造锗酸铋晶体的原料氧化锗。

第一个问题解决了，丁肇中心里的负担也减少了一些，接下来就是如何研制锗酸铋晶体了，在这个环节，问题又出现了：当时中国上海的硅酸盐研究所虽然在锗酸铋晶体的研究上取得了成功，可是如果要在短时间里生产出如此之多的锗酸铋晶体并不是简单之事，因此丁肇中又在锗酸铋晶体的生产上为上海硅酸盐研究所提供了帮助。

在丁肇中帮助上海硅酸盐研究所研制锗酸铋晶体的时候，美国、日本、法国等国家都纷纷向丁肇中兜售自己的产品，并提供最低廉的价格，可是丁肇中没有接受，因为他还是相信"Made in China"的产品，再加上他对祖国有一种特殊的情怀，因此，他在很多公司之间毫不犹豫地选择了中国上海硅酸盐研究所生产的锗酸铋晶体，并准备随时从中国购买这些晶体。

一波刚平，一波又起！

在丁肇中积极准备向中国购进锗酸铋晶体的时候，首先是法国政府给丁肇中设置了阻力——法国政府不同意丁肇中向中国购买这种锗酸铋晶体，规定只能从法国购买，由于在当时欧洲的科研合作中，有一个不成文的规定：哪一个国家提供实验经费，实验组就必须购买该国生产的实验设备或原料。

正好丁肇中这个实验组的实验经费是由法国提供的，所以法国就以此为条件，逼迫丁肇中购买法国的锗酸铋晶体。丁肇中面对这样的"潜规则"并没有放弃努力，他心里想，一定要为中国争取，为上海争取。于是他积极地寻找对策，以"破解"法国政府给予的压力。不久，他得到一个消息，在美国也有一个不成文规定，在购买这些实验设备和原料的时候，必须进行公开投标，哪个国家提供的价钱便宜就选择哪个国家的，并不像法国的规定那样，受到实验经费的约束，这样丁肇中就有办法了。在当时的价格比较中，丁肇中发现只有中国提供的价格是最低廉的，是5美分／毫升，那么按照美国的规定，只能购买中国的产品，而不是购买美国或者法国、日本的产品。再说，丁肇中是一个美籍华人科学家，他完全可以按照美国的规定来执行。

丁肇中找到这个破绽之后，立刻向法国政府回应了自己的想法，并且表示一定要购买中国研制的锗酸铋晶体，原因很简单，物美价廉！可是法国政府还是步步紧逼，为了能取得提供权，还不惜降低了自己的价格，降到5美分／毫升，使得和中国所提供的价格保持一致，这样一来，丁肇中不得不购买法国的产品了。

丁肇中在听到这个消息之后，陷入了沉思。他为此大伤脑筋，一直想找寻一种可以解决的办法。

皇天不负有心人，丁肇中又找到破绽了。当时的法国货币——法郎开始贬值，从刚开始的几法郎兑换1美元的价格贬值到10法郎兑换1美元的价格，如果这个时候法国以5美分／毫升的价格提供锗酸铋晶体的话，势必要亏本，在这种情况下，法国政府不得不做出让步，同意丁肇中从中国进口锗酸铋晶体，但是有一个条件：中国必须向法国公开锗酸铋晶体的制造方法。

很显然这是一个霸王条款，不仅会对中国的经济造成严重的伤害，甚至可以理解为对中国的不尊重。丁肇中当然不会同意这个条件，他明确地向法国政府表达，不仅自己不能接受这个条件，中国政府也断然不会接受这个条件。可是法国政府还是坚持这个条件，一时间谈判陷入僵局。

在之后的协商中，丁肇中了解到在遇到同样问题的时候，法国政府并未让其他国家履行这种条件，而是单单中国附加这个条件。原因很简单，当时的中国并不是很强大，虽然幅员辽阔，可是实力不强。因此，法国就坚持这种霸王条款来为难中国政府。这一点，丁肇中非常明白，唯有用自己的能力来解决这个事情才是上上策，毕竟，这一切都因自己而起！

在最后一次谈判中，丁肇中非常明确地向法国政府说明了自己心里的想法：法国政府的这个要求是非常不合理、不公平的，应该以相同的标准对待每一个国家，既然没有要求其他国家有关的研制厂商把制造的方法公开出来，就不应该这样要求中国，很明显，这样做是有不友好的成分在里面的……

在丁肇中等人的努力下，法国政府终于无条件答应丁肇中的要求，同意丁肇中从中国购买锗酸铋晶体，并且不再要求中国公开制造锗酸铋晶体的方法，至此这件事情才算得到了完美的解决。这多亏了丁肇中等人的坚持和努力，积极地为中国争取，才能有这样圆满的结果，否则，事情根本得不到圆满的解决。

在问题解决之后，丁肇中正式和上海硅酸盐研究所签订协议，将L3实验探测器所需要的12000根（重达12吨）锗酸铋晶体全部交给上海硅酸盐研究所制造，为中国创汇近1000万美元。由于丁肇中的支持，上海硅酸盐研究所生产的锗酸铋晶体先后获得首届亿利达科技进步奖、第十二届国际新技术展览会的金牌奖。这是中国人的骄傲和自豪，也是丁肇中的骄傲、全世界华人的骄傲。

在处理这个事件的时候，江泽民还只是上海市的市长，他也非常支持上海硅酸盐研究所的这项科研项目，并且给研究所提供了很多方便，直接促成了整个事情的完美解决。在1999年3月26日，江泽民参观了欧洲核子研究中心，并在丁肇中和日内瓦大学校长、L3实验室物理学家布尔坝教授等的陪同下参观了L3实验室。在这里，他亲眼看到了自己当年所支持的科研项目——锗酸铋晶体的研制所取得的成果以及在国际科研合作中所得到的应用，心里充满了欣慰。

从这件事情当中，丁肇中更加明白了一个道理：一个国家如果不够强大，那么不仅保护不了自己主权的完整，而且在各个方面都会受到强国的制约，甚至使在国外的华人都让人看不起，这也是很多华人一直都希望自己的祖国强大起来的原因之一。面对这种局面，丁肇中心里又产生了一种强烈的想法：一定要帮助中国发展自己的科技，让中国重新走到高科技的前沿，让中华民族的脑袋重新在世界上抬起来……

3

L3实验及成果

BGO事件后，实验前的一切准备工作做好了，接下来就是研制大型探测器了。在这个实验中，需要 4 个探测器——顶点控测器、电磁量能器（在中国购买的12吨锗酸铋晶体全部被用在这里）、强子量能器和 μ 子探测器。这 4 个探测器的总重量加起来达到8000吨，并且还全部安装在深达50米的地下隧道里。为了实验的需要，还安装了高15米、长13米的巨型磁铁，总重量达7000吨，它能产生5000高斯的磁场。为防止辐射，还安装有500吨重的水泥门。数十万根电缆把 4 个探测器与中央控制室的计算机终端连在一起。

很多人可能不理解，一个实验为什么会需要如此之多的材料？其实这很好解释。在探索微观世界的时候，并不仅仅需要显微镜，更需要高灵敏度的探测器，而研制探测器，像锗酸铋晶体、磁铁等这样的原料是必需的，缺少了这些，实验也就不可能完成了。还有一点就是在进行这些实验的时候，一些辐射性的东西也是少不了的，因此，必须用大量的水泥、肥皂、铅块来阻挡辐射对人体的伤害，而这一切的开支都包括在实验经费里面。因此很多科学家得不到实验经费，也就不能开展实验，就是这个道理。在安装所有实验设备的时候，丁肇中都要亲临现场指导，这个时候，他完全不像一个闻名的高能物理学家，而像是一个建筑指挥员，戴着红色的安全帽，到处指指点点、敲敲打打，如果有什么地方不正确或者有偏差，他一定会要求安装人员返工。

在丁肇中的监督指导下，实验设备顺利地安装完毕，站在对撞区的里面，丁肇中看到了4个大型探测器有顺序地排列着：

围绕着对撞区的是一个顶点探测器（顶点室），称为时间扩展室。在顶点探测器外面，是由锗酸铋晶体组成的电磁量能器，它使用了大量的条状锗酸铋晶体（对准对撞区），并把对撞区包围起来。在围绕着束流线的桶部强子量能器中，共有144个量能器模块。覆盖两端的，还有端盖强子量能器。这些量能器是由板和正比室的夹层组成的，用它们可以测量入射强子的能量和位置。这是由中国科学院高能物理研究所唐孝威小组和陈和生博士，以及苏（苏联）、美科学家共同设计的。在强子量能器外面有大型 μ 子探测器，也就是漂移室。

这只是L3的仪器组成部分，还有一个很重要的组成部分就是中央控制室，也就是实验人员进行观察的地方。中央控制室是一个40多平方米的地下室，各国科技人员一天24小时分三班在这里值班，坐在一台计算机终端前，聚精会神地注视着探测器的运行情况，并随时采集、分析数据。通常，丁肇中都会通宵达旦地待在那里，随时随地解决各种各样的问题。

L3实验小组于1981年成立，当时就有很多科学家争相加入实验小组。1989年"莱普"竣工之后，包括中国在内的18个国家的55个实验室和将近600位科学家参加了L3实验，这是迄今为止世界上最大的高能物理实验组。丁肇中说："L3实验是首次在欧洲、美国、苏联和中国之间开始的大规模国际科研合作。"

如何有效地给这些实验人员分配任务让丁肇中感到有些头疼，在后来的实验过程中，丁肇中发现不仅仅要实行轮班制，还要实行分组制，每组人都要独立进行实验，然后进行核对。如果数据准确，那么就说明实验成功了；如果数据不准确或者有所偏差，那么也就表明实验出现了误差，需要重新做。自从实行了分组制后，实验效率和实验数据的准确性都得到了大大的提高。

其实，实验效率的提高并不仅仅是因为分组的原因，更是丁肇中对实验人员进行了纪律整顿。在以前的实验中，丁肇中发现有些实验人员在控制室里做和实验无关的事情，比如说看书、吃东西、聊天等。后来，丁肇中在一次工作人员会议上，当众宣布了值班的规章制度，杜绝这些和实验无关的事情发生。

从1989年至2000年，丁肇中带领着L3实验组的人员进行了长期的实验。在这10来年时间里，丁肇中实验小组硕果累累，他们已精确地确定电子、μ子、τ子，也确证了粒子标准模型的准确性；还有，他们精确地测量电中性弱相互作用的交换粒子Z^0的质量和寿命等性质，确定宇宙中只存在电子型中微子、μ子型中微子、τ子型中微子；还验证了电弱统一理论、检验了量子色动力学等，特别是他们利用已经选出的12465个强事例，精确地测量了中间玻色子Z^0的质量和寿命，确切、定量地回答了自然界只存在3种中微子这个问题，从而使电弱统一理论又向前发展了一步！

那么，以前的电弱统一理论是什么样的呢？不妨了解一下：电弱统一理论是群结构为SU（2）×U（1）的规范场理论，强相互作用是群结构为SU（3）的规范场理论。于是物理学家自然而然地就想到进一步将3种相互作用统一起来。

20世纪70年代以来，在电弱统一理论与描述强相互作用力的初步理论——量子色动力学这两个理论的基础上，建立了比较完善的，包括强、电、弱相互作用的理论，它被称为"标准模型"，其群结构为SU（3）×U（1）。

标准模型是目前描述粒子之间相互作用的最好理论，它在定性上或定量上都预言了许多物理现象，在10^{-16}厘米的范围内，它经历了各实验检验，理论与实验到底怎么让这个理论向前发展了一步呢？

在此之前，物理学界认为自然界中存在有3种微子：第一种是电子型中微子，第二种是μ子型中微子，第三种是τ子型中微子。然而，物理学家一直想知道，自然界中是否还存在其他种类的中微子。要想知道这个答案，就必须从实验上做出回答，用实验数据来说话。

而丁肇中的L3实验组的实验成果就是精确地测量了中间玻色子Z^0的质量和寿命（宽度），也就是说丁肇中实验组确切定量地回答了自然界中只存在 3 种中微子，而不存在第四种中微子，为这个重要的物理学、宇宙学的问题画上了句号。

为了能更明白其中的缘由，我们还可以这样分析其中的理论：

Z^0粒子是不稳定的，如果自然界中除 3 种中微子之外，还存在其他种类的中微子的话，Z^0粒子的相应衰变道就会使Z^0粒子的峰加宽。经L3实验组测定，Z^0粒子的宽度没有增加，这个现象也就证明Z^0粒子是不能发生那样的衰变的，从而确切地做出了自然界不存在第四种中微子这个回答。

可能说到这里，很多人又不明白什么是中微子以及它的发展历史脉络。为了能让读者有一个初步认识，在这里稍微介绍一下：

中微子原来是一个假设的粒子。这个概念在1930年由奥地利籍瑞士物理学家泡利首先提出。当时，他认为原子核中可能存在一种自旋为二分之一、服从不相容原理的电中性粒子，当时泡利称它为中子，后来由费米改为中微子。由于泡利设想中的中微子是电中性的，也就是不带电荷的，所以用于测量带电粒子的所有办法，对它都起不了作用，也就是说用于探测带电粒子的方法都发现不了中微子。中微子与物质的相互作用又极弱，甚至可以穿过整个地球而不被任何物质吸收，所以，一段时期之内，中微子只能是在理论家的计算中出现，而实验上始终无法证实它的存在。

1934年，费米在泡利中微子假设的基础之上，正式提出 β 衰变理论：原子核中的中子衰变成质子，同时放出一个电子与中微子。根据这一理论可以发现，原子核 β 衰变的相互作用不同于电磁相互作用，是一种"弱相互作用"。

费米的 β 衰变理论，很好地解释了 β 能谱的连续性问题。不久，这一理论得到了正电子衰变实验的肯定，从而间接地证明了中微子的存在。然而，物理学家们仍然不知道如何真正地去测量它。

1941年，王淦昌教授在中国抗战大后方浙江大学贵州遵义校区进行实验探测中微子的研究，由于当时中国没有基本的实验条件，于是他将自己的实验设计撰成一篇短的论文——《探测中微子的一个建议》，并将它寄给了美国《物理评论》杂志。1942年1月，《物理评论》发表了这篇文章。在这篇文章中，他建议把普通 β 衰变末态的三体，变为K俘获的二体，就有可能间接观察到中微子的存在。他还特别指出，可取Be-Li作为实验对象。

王淦昌的这个设想极具创建性，立即受到实验物理学家的重视。此后的10年间，陆续有一些实验物理学家按照这一建议做了许多实验。

1952年，美国的物理学家戴维斯用王淦昌提出的方法做了7Be的K电子俘获实验，并且在不久之后发表了他的K电子俘获实验结果，与理论预期相差无几，从而初步肯定了中微子的客观存在。

1953年，美国洛斯阿拉莫斯实验室的莱因斯和考恩领导的实验小组在反应堆旁观测到了反中微子。1956年，他们在实验室直接观察到中微子。为此，莱因斯于1995年获得诺贝尔物理学奖。

1962年，哥伦比亚大学的莱德曼、施瓦茨和斯坦博格在纽约长岛布鲁克海文国家实验室，用15GeV的质子束打击铍靶，结果得到纯度很高的中微子束流。然后将中微子束流注入火花室，观察到的结果可以说明，π介子变成μ子所产生的中微子与β衰变所产生的中微子是2种不同类型的中微子。也就是说，中微子至少有2种，一种是电子型中微子，另一种是μ子型中微子。

1974年至1977年，佩尔在斯坦福直线加速器中心的SPEARW负电子对撞机上进行了一系列实验，终于在4GeV能区发现了一个比质子重2倍，比电子重3500倍的新粒子，其特性类似于电子和μ子。经过反复检验，证明是在电子和μ子之外的又一种轻子。

至此，已发现自然界存在3种类型的中微子：电子型中微子、μ子型中微子、τ子型中微子。

在中微子研究领域，丁肇中领导的L3实验组通过实验验证了自然界不存在其他类型的中微子，只存在上述的3种中微子，从而使电弱统一理论和标准模型又增加了一个实验上的证据。也就是说，丁肇中的实验使得电弱统一理论又前进了一步！

20世纪80年代中后期，丁肇中和实验组成员将"莱普"对撞机的总能量从1300亿电子伏特逐步提高到2000亿电子伏特，让正负电子激烈碰撞，从而找寻宇宙大爆炸最初时刻质量的来源。他们计划在这个能量区域内精确测量W$\pm$粒子的质量，寻找电弱统一理论预言的希格斯粒子，研究新的物理现象，从而推进人类对微观世界的认识，有助于人类解开宇宙之谜。

丁肇中进行的实验都非常具有挑战性，在人们问到他为什么要进行这些实验的时候，他的回答就是好奇心。好奇心是人类特有的求知欲望，人类很多时候就是凭借着好奇心才慢慢地解开了世界的很多谜团，也慢慢地创造了这个生活空间。正如爱因斯坦所说的那样："我没有特殊的天赋，只是有强烈的好奇心而已。"

第九章

AMSSHIYAN

AMS实验

![1]

爱上反物质

从1995年秋，丁肇中在"莱普"对撞机上模拟宇宙大爆炸的实验开始，他就发现自己已经对宇宙之谜开始感兴趣了，并且从那个时候开始，丁肇中一直在从事探索宇宙的奥秘的研究，他称之为"寻找宇宙最初的东西是什么"。也就是说，他一直在追寻一个问题："宇宙是什么？"

关于这个问题，人类在很早的时候就问过，并且也做出了一些解释，从最初的"天圆地方说"发展到"地心说"，再发展到"日心说"，到了20世纪，科学家们又提出了宇宙大爆炸理论，人们对宇宙的认识又向前推进了一步。虽然有些学说在今天看来非常荒谬，但是，这至少代表了人类认识宇宙的一个过程。毕竟现在已经没有人相信天是圆的而地是方的了，也没有人再会相信地球是宇宙的中心了，甚至也不会相信太阳是宇宙的中心了。在人类懵懂无知的时代，人们并不知道日食是什么原因导致的，认为这是"天狗"干的事情，而每当这种现象发生的时候，人们都会拿着锅碗瓢盆使劲地敲打，想让天狗把太阳从嘴里吐出来。后来人们才知道，天上根本就没有什么天狗，而是绕着地球转动的月球运行到地球和太阳之间的时候，把太阳给遮住了。这一切，都是人类从最初的懵懂无知开始慢慢地走向明朗的过程。虽然我们对宇宙有了一些比较明朗化的认识和理解，但是宇宙到底是什么呢？似乎并没有人能够完整地描述出来，因此宇宙还是一个谜团。

　　根据目前大家所公认的宇宙大爆炸学说，所谓的宇宙可能开始于150亿至200亿年前的一次大爆炸，之后，宇宙不断地膨胀和冷却，即便是现在，宇宙也还是在膨胀。丁肇中知道，这些理论都是科学家经过各种各样的实验验证出来的。1929年，美国天文学家哈勃从星系光谱的红移推断，遥远星系都在退行，也就是都在远离我们而去，且退行速度和距离是成正比的，这也就是现代宇宙学产生的原因之一。

　　在更加深入的研究之后，另一位美国科学家卡尔·萨根在对地球生命起源、行星大气、行星表面和地外生物的研究中，通过照射甲烷、氨水和硫化氢气体合成的混合物，获得了一种物质——氨基酸，这可是蛋白质的主要成分。也正是因为有了氨基酸，才有了蛋白质，地球上也才有了生物。他的研究为人类在地球原始环境中生命的起源提供了宝贵的知识。

　　关于宇宙学的这些研究，丁肇中都非常明白，可是他还是关心一个问题：我们的周围到底有没有反物质存在呢？

　　所谓反物质，顾名思义就是和物质性质相反的一种东西。我们都知道，目前生活的世界是由物质组成的，而物质又是由微观粒子组成的，比如说，质子和中子构成原子核，带正电的原子核和带负电的核外电子核构成原子，原子构成分子，而分子和原子则组成了宇宙中的种种物质。

　　可是在20世纪30年代初，英国理论物理学家狄拉克却提出了让全世界物理学家震惊的假设：这个世界除了我们熟悉的电子、质子、中子之外，还有反电子、反质子、反中子等反物质的粒子存在，并且这些反粒子和正常粒子在许多方面的性质是完全一样的，但是它们却水火不容。如果反粒子和粒子不幸遭遇了，立刻就会化成一团火焰而消失殆尽，并且释放出巨大的能量和一对光子。并且狄拉克解释说，正因为正常粒子和反粒子的这种水火不容的特性，在物质地球的周围找不到反粒子，因此反粒子的性质至今还是一个谜团。

　　在狄拉克提出这个假设的时候，丁肇中还没有出生，可是半个多世纪过去了，人们对反物质的研究还没有实质性的进展。但是丁肇中明白一个道理：宇宙无论如何来说都是平衡的，有带正电的电子，就必定有带负电的粒子。同理，有物质世界，则必定有一个反物质世界，比如说反太阳

丁肇中传

DING ZHAO ZHONG ZHUAN

系、反天体或者是反星系等。总之，物质世界有的东西，反物质世界也必定有。可是这个反物质世界到底在哪里呢？在浩瀚宇宙的另一端还是在某个地方呢？丁肇中陷入了沉思当中……

根据宇宙大爆炸学说的推测，在宇宙大爆炸的时候，产生了这个物质世界，必定也会产生相同数量的反物质世界，如果能证实反物质世界的存在，就会直接证实宇宙大爆炸的学说是正确的。虽然后来在实验室中，欧美的科学家成功地制造出了少量的反物质——反氢原子，这是反物质研究领域的一次重大突破，给寻找反物质的科学家增加了信心，但是在自然界中并没有找到反物质。面对这样的缺憾，丁肇中却产生了浓厚的兴趣，他迫不及待地钻了进去，勇敢地挑起了这个重大的研究课题，并且把找到自然界的反物质作为自己追求的目标。

其实，找寻反物质也不仅仅是为了证实宇宙大爆炸这个学说的真实性，而是有着更加实际的意义。反物质和物质就像一对双胞胎兄弟，可是这两个双胞胎兄弟不能碰面，否则就会消失不见。当然不是真正的消失，而是产生另一种正反粒子对，同时转化成巨大的能量。正是这个能量，让丁肇中等研究反物质的科学家产生了浓厚的兴趣，试想如果这个能量能为人类所利用，那么将会给人类产生多么大的帮助啊！

想到这些，丁肇中似乎忘记了身上的疲惫，带领着自己的实验小组一刻不停地进行着实验。在丁肇中领导L3实验组进行精确的标准模型和发现新的粒子以及确定粒子之间的作用力的实验之外，还有一个与它平行的任务，那就是领导一项在阿尔法国际空间站进行的大规模实验，目的就是寻找原始宇宙线中反物质存在的痕迹。

丁肇中领导的这个实验组将使用一个约 3 吨重的探测器——阿尔法磁谱仪（Alpha Magnetic Spectrometer，取其名称的首字母，简称为"AMS"）。在阿尔法磁谱仪建造好以后，将会升空进行实验，以完成最初的实验目的——寻找反物质存在的痕迹。

每当繁星满天的时候，丁肇中就会问自己一个问题：浩瀚的星空中到底藏着什么样的秘密，到底要通过什么样的手段才能了解到星空里的秘密？这份对宇宙的好奇心，在丁肇中少年时代就产生了，而正是少年时代的这份好奇心，最终让他走向了今天的反物质的研究。

在丁肇中进行反物质研究一年后，1996年11月至1997年4月，美国西北大学物理天文系、加州大学伯克利分校和美国海军研究实验室等5个机构通过美国航天局的射线康普顿卫星观测到了离银河系中心3500光年处，有一个不断喷发反物质的反物质源，它所喷发的反物质在宇宙中形成了一个高达2940光年的"喷泉"。这一现象的发现，对丁肇中的反物质研究无疑是一种鼓励，它让丁肇中越发坚定了信心，沿着自己选定的实验路线勇敢地走下去……

② 阿尔法磁谱仪

丁肇中领导L3实验组的同时，还领导着一项大型国际合作项目——AMS实验。这个大型的合作项目不仅参加的研究机构比较多，而且所要达到的目的也比较大。在这项实验中，总共有美国、中国、德国、法国、瑞士等10多个国家和地区的37个研究机构参加，而目的就是寻找宇宙中的反物质和"暗物质"，以回答两个特别的问题：

一、根据宇宙大爆炸学说的描述，如果在宇宙诞生的时候产生了物质和反物质，并且这两个星系是相等的，但我们所能观察到的星系仅仅由物质组成，那么反物质到底到哪里去了呢？

二、既然星系的质量似乎大于所有能观测到的恒星系、气体和宇宙尘埃的质量之和，那么是否存在一种尚未发现的新物质——暗物质呢？

要想研究清楚这两个问题可不是一件简单的事情，首先得要专门研制出探测仪器，并且利用现有的航天技术，将仪器送到太空中进行数据的收集和分析，以此来断定在遥远的太空中到底有没有反物质的痕迹。

经过前一段时间的反物质研究，科学家们发现，在大气层中，正反物质相遇就会消失，除了产生一对光子之外就是巨大的能量，因此，在大气层中，根本就不能"捕捉"到反物质。科学家们就自然而然地想到，如果在真空的环境之下，是不是就能"捕捉"到反物质呢？很显然，在人工的真空环境中是达不到理想的实验效果的，于是科学家们就想到太空中进行这些实验。

20世纪粒子物理学的重大发现都是借助于磁谱仪的帮助才得到的，那么探寻反粒子是不是也能用磁谱仪进行实验呢？科学家们经过反复的思考研究之后认为理论上是可以的，只不过执行起来有些困难。

首先，一般的磁谱仪非常笨重，小则数百吨，大则上千吨。要想把如此笨重的仪器送到太空，对于现有的航天技术来说并不是一件简单的事情，既然仪器送不上去，也就无法开展后面的研究工作了。

还有一个困难就是一般的磁谱仪都需要高功率的电源，如果要将这种磁谱仪送到太空上去进行实验，电源的供应也是一个问题，科学家们不可能把电线拉到太空上去。有人建议在太空中建造一个发电厂，很快，这个建议就被否决了，原因很简单，在空间站上建造一个发电厂也是完全不可能办到的。

那么到底要怎么办才好呢？大家陷入了沉思……

丁肇中在思考了前前后后的困难之后，发现问题的主要症结在磁谱仪上。如果能改变磁谱仪，将它变成适用于自己实验的设备，问题不就可以解决了吗？想到这个丁肇中兴奋得一个晚上没有睡着，在夜的黑暗中，他似乎来到了无边无际的宇宙，向着自己选定的方向不停地前进……第二天，丁肇中将自己的想法和几个同事进行了交流，他的建议立刻得到同事们的赞同，在交谈中，他们解决了实际的问题——采用永磁铁。

可是新的问题又来了，当时天然的永磁铁很难达到上千高斯的磁场强度。面对新的问题，丁肇中带领着实验人员再一次沉下心来，将实验从头到尾地思考了一遍，以寻找对策。突然丁肇中想到天然的永磁铁不行，那人工制造不就可以了吗？为此丁肇中开始设计一种能对宇宙带电粒子进行直接观测的太空磁谱仪——阿尔法磁谱仪。

阿尔法磁谱仪和一般的磁谱仪不同，比较轻巧，主要由永磁体和一组精密的探测器组成，体积和一个桌子差不多，而一般的磁谱仪则由普通磁铁和一系列探测器等部分组成。

在刚开始研制阿尔法磁谱仪的时候，丁肇中就邀请中国、美国、苏联等国家的科学家参与，自己则担任这个项目的领导。在丁肇中的邀请下，中国很多科研机构参与了这个项目，包括中国科学高能物理研究所、中国科学院电工研究所、中国水利水电科学研究院等研究机构。这些科研机构在中国科学院高能物理研究所所长陈和生研究员的带领下，在实际工作中起到了非常重要的作用！

当各项准备工作进行得如火如荼的时候，丁肇中也一直在忙着寻找永磁铁，特别是寻找那些既能符合这项实验要求，又能符合自己要求的永磁铁。可是很多次丁肇中的这种寻找都失败了，原因很简单，世界的永磁铁研究并没有发展到如此程度，很多永磁铁并不能应用到这个实验当中。面对这样的结局，丁肇中心里有点失望，但他还是有点不甘，他相信，只要自己肯努力，一定能完成这个任务！

1994年3月，丁肇中访问中国，在这次访问中他得到了一个好消息：中国科学院电工研究所在永磁铁的理论和应用研究中取得了重大进展，所制造出来的永磁铁基本上可以达到实验的要求。听到这个消息之后，丁肇中兴奋不已，不仅仅是因为他终于找到了实验材料，更重要的是在最困难、最迷茫的时候，祖国给了他最得力的帮助。兴奋不已的丁肇中顾不上旅途的劳累，在唐孝威的陪同下一起来到电工研究所参观考察。经过短暂的考察，丁肇中才明白为什么中国的永磁铁研究能取得突破性的进展。原来电工研究所的科研人员因为一些应用研究的需要，着力解决了用永磁铁代替超导磁铁的问题，并且取得了很多成功的经验。丁肇中在参观访问期间，也向中国电工所的工作人员询问了人造永磁铁的问题，并且向他们详细介绍了永磁铁的用途以及在这个实验当中的作用，希望能从中国研究人员那里得到一些启示。

中国电工研究所的工作人员在听了丁肇中的介绍之后凭借自己在研究核磁共振永磁方面取得的经验，立刻向丁肇中提出了一个让他更加兴奋不已的设计方案：完全用钕铁硼稀土永磁材料来制造永磁铁！因为中国科研人员凭借自己的经验知道，用这种材料做成的永磁铁，具有以下几个特点：磁场强、漏磁小，而且它的磁二极矩也很小，几乎为零。

听完了研究人员的介绍，丁肇中如获至宝，要知道，这些特点解决了困扰空间磁谱仪多年的"老大难"问题。如果中国能制造这种永磁铁，那么将这种磁铁装备用在太空磁谱仪上，将是非常适合的，解决了重量、电源的问题，完全满足AMS实验在太空运行的要求。丁肇中相信，这绝对是最理想的解决方案。

　　而后不久，丁肇中就开始着手筹办此事。他首先向美国能源部提出了进行AMS实验的方案，并且明确地向美国能源部建议使用中国电工研究所研制的永磁铁，他在方案中介绍中国永磁铁研究所取得的进展，并且说如果使用这种永磁铁，将使得AMS实验得以进行。很快，美国能源部批准了丁肇中的方案，并且获得美国宇航局对该项研究的支持，而丁肇中明白，这一切都是中国电工研究所的同行、中国的永磁铁帮了大忙，否则，AMS实验说不定将就此搁浅。

　　1995年6月，一场别开生面的招标大会在美国举行了。6月8日，中国电工研究所的副所长顾文琪和研究员夏平畴飞赴美国，参加了这个由俄罗斯、芬兰等十几个国家参加的招标大会，在经过激烈的争夺之后，中国电工研究所一举夺标，赢得了制造永磁铁的资格。随后，丁肇中和顾文琪副所长签订了阿尔法磁谱仪磁铁研制的国际合作合同。

　　1995年8月，中国电工研究所成立了AMS永磁体研制领导小组，专门负责研制AMS永磁体。这个小组由当时的所长严陆光带队，严陆光亲自任队长，并亲自监督研制工作。这个小组成员有副所长顾文琪、研究员夏平畴，他们主要负责核技术方面，董增仁主要负责工程指挥，孙广生则主要负责国际合作联络部分。为了研制永磁铁，中国电工研究所抽调了部门中的精英，以集中优势组成了AMS科技攻关队伍。每个人分工合作，却又彼此关联，一环扣一环！

　　在永磁铁的研制过程中，丁肇中虽然在美国和欧洲核子研究中心主持大型实验的工作，可是他并没有对研制工作放松，他为了亲自监督这边的工作，几乎每个月都要来中国一次，亲自到中国科学院电工研究所检查工程质量。丁肇中要求制作的阿尔法磁谱仪中的磁体质量、精度都是世界第一的。他说："对我来说，只有第一没有第二，第二就意味着最末。"在永磁铁的研制工程中，中国的科学家也亲身体验到了丁肇中在实验工作上的严肃，一旦发现差错，不管是谁，他都会毫不客气地批评一通，一点也不留情面。

　　有一次，丁肇中来中国进行工作检查，技术负责人夏平畴在汇报磁体数据计算时，丁肇中发现并指出有一个数据不准确，立刻严厉地对夏平畴说："在科研领域里来不得一丝一毫的差错，一个数据不准确就可能造成整个AMS科学实验的失败，难道你这样大龄的科学家不懂得这个道理吗？"已经年过花甲的夏平畴平日里从来没有遭到过别人这样的训斥，遭到丁肇中的批评，他无言以对，难过得连中午饭都没有吃。

从1995年6月到1997年7月，中国运载火箭技术研究院的总体设计部完成了AMS主结构的方案设计、初步设计及技术设计，由211厂生产制造了两台AMS主结构，其中一台用作地面试验，一台交付飞行。

阿尔法磁谱仪AMS主要由永磁铁和一组精密探测器两部分组成。它的主体结构是永磁铁，为圆柱形，是用稀土钕铁硼材料制成的，能长期在太空中稳定运行。中国运载火箭技术研究院所设计的这个AMS永磁体，是用新型高磁能钕铁硼永磁材料制成的，长0.8米，内径1.1米，外径1.4米，重2吨。它沿着圆周分成64条扇形磁棒，5500块标准磁块按照各自的磁化方向粘拼成16种128个方阵。磁铁总重量约1.9吨，中心磁场强度达到1400高斯。

AMS实验要求反符合计数器效率必须达到99.999%以上，尺寸公差十分严格，并能经受航天飞机的巨大加速度和剧烈振动，能长时间在空间环境工作。中国科学院高能物理研究所的研究人员圆满地完成了反符合计数器的设计、研制和空间环境模拟试验，还参加了它的飞行件的设计、研制和测试。

除了这些硬件设备之外，中国的研究人员还为AMS设计了一系列的软件系统，如复杂的电子学、软件、地面支持系统。这些系统是AMS的生命线，主要负责监测控制探测器各部分的运行状态，从各个探测器采集数据，并将数据传回地面。而其中的电子学系统，则用来对探测器进行监视控制、数据采集和传输。

1997年3月，AMS磁体开始运往瑞士，科学家们考虑到AMS磁体的磁场很强，为了防止磁体在空运中影响飞机的导航系统，特制了专用的运输屏蔽箱。7月，瑞士苏黎世联邦工学院测量鉴定结论认为，这个"飞行磁体"定位准确，磁场强度和形态与预期一致，所有磁块安装正确，能够满足反质子探测和其他科学实验的需要。

1997年4月到7月，经过3个月的奋战，中方各单位高水平、高质量地按期建造了第三个磁体，并通过了美国宇航局第二阶段的安全评审，还破例取消了第三阶段的评审，提前通过。

　　1998年10月23日，丁肇中致函给航天总公司总经理刘纪原，对中国运载火箭技术研究院的支持表示感谢，他在信中说：

　　AMS主结构的设计和制造已由中国运载火箭技术研究院会同美国航空航天局、洛克希德·马丁公司，由德国、瑞士和意大利的工程师们通过实验，并得到充分验证。中国运载火箭技术研究院的工程师们完成了一项世界级的工作。

　　这当然不是丁肇中在信口开河，而是对中国科学家以及他们的工作的一种肯定。丁肇中平常对于实验和工作的要求非常严格，如果对方做出的贡献不是非常突出，丁肇中是不会主动去肯定它的，因此，从这点来说，丁肇中的肯定实际上对对方而言也是一种莫大的荣誉。

　　1998年1月，阿尔法磁谱仪被运往美国佛罗里达州肯尼迪航天发射中心，与美国发现号航天飞机顺利进行接口联调。中国科学家的工作顺利完成。

　　从永磁铁的提出、设计、研制到实验、评估，再到最后的使用，丁肇中和中国的科学家都倾注了大量的精力，这一点是有目共睹的。在阿尔法磁谱仪和发现号飞机进行接口联调成功的那一刻，丁肇中心里是相当兴奋的，也是相当自豪的。他不仅仅是为自己能领导这样的实验而感到兴奋和自豪，从这一件事情当中，丁肇中清晰地看到了一个科技强国正在美丽的东方站起，虽然刚开始步履有些蹒跚，但是她的目光是坚定的，信心是十足的。

　　望着高耸的发现号航天飞机，丁肇中似乎看到了阿尔法磁谱仪在太空翱翔的身影，在那里，它不负众望，准确、快捷地执行着自己的任务。那么AMS的实验计划到底是什么，阿尔法磁谱仪在其中到底起到什么样的作用呢？记者一再问起这个问题，丁肇中都会不厌其烦地回答。

　　AMS实验的第一个步骤就是试验飞行，在发现号航天飞机上做为期10

天的太空遨游。这次试验飞行的目的是检验整个磁谱仪的性能，看看实验仪器能否经受得住太空条件的考验，同时采集数据，获得一些物理结果。第二个步骤就是针对试验飞行中所发现的问题，对磁谱仪进行必要的改进，增添一些新设备，进一步提高装置的测量精度，扩大探测范围，减少系统误差，让磁谱仪的本领更高强，等到2008年，再把它送到阿尔法空间站上，连续进行3~5年的实验。

那么阿尔法磁谱仪在其中起到什么样的作用，要达到什么样的目标呢？丁肇中同样给予了答复。

阿尔法磁谱仪的第一大目标就是探测宇宙中的反物质。具体地说，也就是寻找宇宙空间中的反碳核和反氦核。而它的第二大目标，是寻找暗物质。虽然到现在为止，暗物质也只是一个猜测，但是阿尔法磁谱仪就肩负着这个神圣的使命——探测暗物质。按照现有的理论估计，太空中暗物质在银河系和宇宙中约占90%，如果这个理论是正确的，那么一切都会在阿尔法磁谱仪中显现出来，给人类一个圆满的回答！

3

AMS成功发射

北京时间1998年的6月3日凌晨5点（美国东部时间6月2日下午6点），高高耸立在美国东海岸佛罗里达州肯尼迪发射中心的美国发现号航天飞机格外引人注目，甚至成了世界所关注的焦点，再过几分钟，它将带着人类的很多疑惑飞向太空，试图通过探测来解释一些令科学家感到疑惑的东西。

在发现号航天飞机上，还搭载有人类历史上第一个太空实验磁谱仪——阿尔法磁谱仪（AMS），它将由发现号航天飞机搭载着从肯尼迪中心飞向太空。一想到这个，站在观礼台上的中国中央电视台的20多名记者就备感自豪，不仅仅因为发现号航天飞机中有一位有着四分之一华人血统的宇航员，更是因为AMS的核心部分是由丁肇中带领着中国科学家设计和制造的，它代表着一种科技的能力，也代表着一个国家的强盛。

记者们在很早以前就架好了摄像设备，调好焦距，耐心地等待着神圣一刻的到来。虽然当时是下午6点多，可是肯尼迪发射中心的天气罕见的晴朗，气温也高达38摄氏度，热浪一浪高过一浪，但是谁都没有因此而退却！

下午6点6分，发射时间终于到来，随着"五、四、三、二、一，点火"的倒计时口令，发现号航天飞机的助推火箭顺利点火。顿时，高耸在39号发射台的发射架下喷出金红色的烈焰，地面随着巨大的推力而产生了短暂的动摇，而具有2000吨重量的航天飞机在助推火箭的带动下，迅速地离开地面，像一条白色的飘带，飞向太空。几秒钟之后，发现号航天飞机自动调整了一个角度，像一把利剑，划破了宁静的天空，向预定的目标前进……

6点7分50秒，发现号航天飞机的两个助推火箭燃料用尽，完成了自己的任务，然后与航天飞机主体顺利地自动脱离，划了两道美丽的弧线之后向大西洋坠落，被美国海军收回，而发现号航天飞机则继续向预定的目标靠近。

很快，航天飞机冲破地球的引力，冲向深蓝色的天空，此时全世界的眼睛都注视着这一神圣的时刻，直到它消失在太空之中……此时观礼台上自动响起了热烈的掌声，随着欢呼声，中国中央电视台的记者们不禁热泪盈眶：在这激动人心的时刻，什么话都不用说，也什么话都说不出，一切的热血沸腾都只能化作滚滚热泪……

而此时，正在接受采访的丁肇中和中国科学家们也是同样的心情，甚至比在场记者的心情更要激动，毕竟这里面凝聚了他们多年的心血、耗费了无数的青春。AMS对于丁肇中和中国科学家来说，就如同一个新生儿，寄托了大家深切的期望。而这一次AMS飞向太空，就如同孩子离开母亲的怀抱，投入广阔天地一样，做母亲的除了担心之外也难免激动，这种心情相当复杂，一言难尽……

在发现号发射升空的前一天还发生了一段小插曲，让关注此事的人虚惊一场。事情是这样的：在发射的前一天，和平号上传来一个消息——空间站上的电脑出现故障，空间站开始偏离方向，如果此情况得不到及时排除，那么发现号飞机将不得不推迟发射。这个消息让全体工作人员都陷入了焦急的等待之中，还好，经过空间站工作人员的努力，终于传来佳音，空间站的一切故障都排除了，11个自动定向的陀螺仪全部开动，使得空间站回到原来的方向，发现号航天飞机可以照常发射。听到这个消息之后，工作人员才长长地吁了一口气，最终发现号航天飞机比预定时间提前了4分钟发射。

6月4日下午1点，发现号航天飞机与和平号空间站对接；6月8日中午12点，与和平号空间站分离，在此对接期间，AMS继续执行着自己的任务。AMS上的探测器是在发现号航天飞机升空后3个小时的时候自动开始工作的，从一开始，AMS的探测器工作状态就很良好，在整个飞行过程中，获取了220小时的数据，观测到了最初宇宙线粒子，包括质子、各种原子核，也观测到了反质子。通过对传到约翰逊空间中心的大约10%的数据初步分析表明，AMS的数据质量良好，能正确区分各种粒子，测量精度也达到预期的要求。在2亿个事例中，约80%左右为质子，20%左右为各种原子核，当然，其中还有正电子和反质子。

据丁肇中介绍，虽然这次AMS探测到反质子，但并不等于观察到了反物质，真正的反物质是指反氦核、反碳核等，而反质子则有可能是通常宇宙线粒子碰撞产生的次级粒子。但无论如何，AMS这次飞行达到了预期的实验目的。

1998年6月10日，丁肇中在休斯敦记者招待会上首次公布了从AMS中获取的一些初步结果，他的报告引起了世界物理学家的极大兴趣。

6月12日，航天飞机上的AMS在地球上空400千米的高度成功飞行了10天之后，于美国东部时间6月12日下午安全返回肯尼迪发射中心，随即被运往瑞士日内瓦的欧洲核子研究中心，进行地面的测试，连同一起运往瑞士的还有4台大型计算机，这里面装载着AMS获取的全部数据。

同一天，瑞士苏黎世联邦工学院的霍夫教授在日内瓦欧洲核子研究中心做了关于AMS首次飞行的报告，也公布了一些初步结果。

经过3年多对实验数据的实验分析，人类高空物理实验取得了一些重大成果，并且有很多意外的发现：

首先，在地球上空400千米处存在一个围绕地球的质子环，这个质子环中向各个方向飞行的粒子强度相同，处于动态平衡状态。这些粒子都是高能宇宙线粒子与大气层3个特定区域碰撞产生的次级粒子，被地球磁场约束在这个"场"中。

其次，科学家在对数据进行分析的时候发现赤道附近的正电子比负电子多4倍，可是传统的理论认为宇宙是中性的，由数量相同的正电子和负电子组成，根本不可能存在这种现象。对此，丁肇中十分谨慎地说："这起码是对传统物理学观念的一种冲击，正电子数目为什么和负电子不一样？宇宙究竟存在什么样的奥秘，有待于我们去揭开。"

此次研究还有一个意外发现就是在赤道附近有一个特别的区域只有氦3，在太空中，氦原子核的成分应该是氦4占90%，氦3占10%，这种现象就可以表明赤道附近这个区域中的氦3来自宇宙深处。

对于这些意外，丁肇中还是保持着一种严谨的态度来解释："实验的发现和原定的目标往往不同，磁谱仪实验也不排除这种情况，因为我们毕竟站在科学的最前沿，无法预料究竟会发现什么，这是人类第一次太空物理实验，今天看来意外的这些发现今后也许会觉得正常。"

确实如同丁肇中所说，人类在探索宇宙空间奥秘的时候，必定会经历一些意外的事情，那是因为我们现在对宇宙还不了解，就如同新生儿对这个世界不了解一样，对任何东西都会感兴趣。可是，当我们有一天真正了解整个宇宙之后，一切都会变得那么自然，那么理所当然……

总之，这是人类第一次把实验搬到了太空，在这场实验中，丁肇中带领着中国科学家做出了巨大的贡献，他们所研制的AMS永磁体和机械结构经受住了起飞和着陆的考验，正常工作以及在太空飞行中良好的工作状态受到了世界同行的高度赞扬，这也表明中国的科技已经进入了一个新的高度！

第十章

XUNGENZHILÜ

寻根之旅

①

回报祖国

丁肇中虽然取得了美国国籍，并且在国外生活、工作，但是他对于自己的祖国有着非常深厚的感情，总是想通过自己的力量千方百计地为中国科学现代化贡献一份力量。特别是在他发现"J"粒子之后，这种愿望变得更加强烈，他明白现在的中国正处在一个关键时期，如果发展好了，就能成为科技强国、经济强国；如果发展不好，就又会受到世界强国的欺凌。丁肇中当然不愿意看到这样的情景，他暗暗下定决心，只要有机会，就要帮助中国的科技发展更进一步。

当年丁肇中的父母——丁观海夫妇为孩子分别取名为：丁肇中、丁肇华、丁肇民。丁观海夫妇之所以这么做，无非就是要丁肇中兄弟明白，无论身在何方，自己都是"中华民"，都要牢记自己的祖国，不要忘记自己是华夏子孙，不要忘记自己的根在美丽的东方……

1974年，丁肇中发现"J"粒子；1975年11月7日，丁肇中迫不及待地回到了阔别28年的祖国，踏上了北京的土地。在人们的一片欢呼声中，丁肇中感受着来自亲人们的欢迎和祝福。28年了，全中国都大变样了，当年炮火纷飞的场景已经不见，映入眼帘的是一派繁忙的景象，每个人都在兢兢业业地工作，热火朝天地建设新中国。

看到这些景象，丁肇中兴奋地和亲人、朋友畅聊起来，从谈话中他了解到中华人民共和国成立20多年以来翻天覆地的变化。为了让自己的感受再深刻一些，丁肇中当即决定，要到一些地方去看看，亲眼看一下中国的新景象。

于是丁肇中在亲人朋友的陪同下，参观了一些工厂、农村、学校和科学研究单位，并且还去了重庆、延安等地进行实地考察。对于第一次回到祖国大陆，丁肇中有着自己的看法："国内的情形，和我在国外想象的完全不一样，真是发生了翻天覆地的变化，尤其是人与人之间的关系，变化真是太大了！"

可是从谈话中，丁肇中也了解到一个现实：中国虽然正在发生着翻天覆地的变化，可是因为多年战争与动乱，科技已经基本上停止发展了，甚至和其他国家相比来说是倒退了，如果不及时地跟上世界的步伐，那么中华民族越来越难屹立在优秀民族之列了。

了解到这个问题之后，丁肇中当即表示："我是在中国长大的，应该为中国做出自己的贡献，因此，我很乐意为中国科学现代化建设贡献一份力量，我热切希望中国青年一代能迅速成长，能出现一批真正的'科学巨人'。"

在这次回国期间，丁肇中还拜见了自己仰慕已久的吴有训教授。吴有训是一名著名的物理学家，当时正任中国科学院副院长。吴有训是丁肇中非常敬佩的中国物理学老前辈之一，在丁肇中还是一个学生的时候，就对吴有训充满了敬佩之情。亲眼看到了吴有训的风采，丁肇中心里自然十分激动，他对陪同人员说："吴教授是一位真正做学问的人，曾在国外和康普顿教授一起做过出色的工作，能在国外做实验物理取得成就的中国人是很少很少的。"盛赞吴有训是凤毛麟角的人才。

那么吴有训到底在国外做过什么杰出的贡献呢？

早在20世纪20年代，在美国芝加哥大学攻读物理学博士学位时，吴有训就在美国著名物理学家康普顿教授的指导下，开始对"康普顿效应"进行研究，并在后来证实了它，因此，康普顿效应又称"康普顿—吴有训效应"。康普顿效应的发现是现代物理学发展过程中的一个转折点，它使物理学界最终确认了光量子的实在性，从而对后来量子力学的建立和发展产生了重大影响。但是在康普顿效应刚被提出时，由于经典物理学观念影响很深，加之这个新理论的实验证据尚不够充分和完备，且有人从实验中得出了别的结果，并做了新的解释，因此，遭到不少人的激烈反对，使得这一理论面临夭折的危险。在导师康普顿的建议下，吴有训针对反面意见的证据，在芝加哥大学赖尔森物理实验室进行了一系列实验研究，以大量确凿的实验结果和精辟的理论分析证实了康普顿效应的客观存在，终于使这个理论得到国际物理学界的确认。康普顿因发现康普顿效应而荣获1927年的诺贝尔物理学奖；吴有训也因实验证实康普顿效应而成为享誉中外的物理学家。

30多年后，康普顿在美国的普林斯顿遇见杨振宁，他专门对杨振宁说，他一生中最得意的两位学生就是吴有训和阿尔瓦雷茨，而他始终不能辨别这两人谁的天分高。

丁肇中与吴有训见面后，两个人快乐地交流起来，在一片祥和的气氛中，两个物理学界的高手畅叙科学奥秘。后来，丁肇中因为工作的关系很快结束了第一次大陆之行。在这次参观访问期间，丁肇中看到了很多喜人的场景，也看到了很多令人担忧的地方，不过他相信，只要全世界的华人一起努力，中国一定会强大起来的。

1976年，中国结束十年浩劫，科学的春天来了。在中国高能物理研究所的邀请下，丁肇中于1977年8月第二次踏上了北京的土地。这次随行的还有他的妻子、女儿。丁肇中之所以带着她们并不仅仅是让她们见识一下外面的世界，而是要让她们明白，自己的根在中国，而自己的心也永远在中国。

在这次访问期间，丁肇中在北京为我国高能物理实验的工作者做了多次的学术报告，并亲切地和中国同行进行交流，使得中国高能物理实验的工作者受益匪浅。当人们问起他是否愿意和中国的科学家一起讨论科学上的问题时，丁肇中非常爽快地回答道："我愿意尽最大的努力和中国的同行们讨论科学上的问题。"

丁肇中是一个言必信、行必果的人，他一向都是如此。在中国科学院高能物理研究所，丁肇中同张文裕进行了亲切的会见和交谈。在交谈中，他了解到中国正准备大力发展高能物理，并且正在北京的西郊筹建一个大型的高能加速器，急需一批高水平的实验人才。丁肇中很快明白张文裕的意思，当即表示欢迎中国选派青年物理工作者到联邦德国汉堡电子同步加速器研究中心，参加即将进行的高能物理实验。

随后，丁肇中在张文裕的陪同下，同时任中国科学院副院长方毅进行进一步的交谈，双方讨论了有关中国科学技术发展的相关问题，并且商定开展科学技术领域大规模合作的意向：由中国科学院派遣最有潜力的青年物理学工作者参加丁肇中领导的高能物理实验研究工作，以便帮助中国培养高科技人才。最后，在丁肇中的安排下，中国派遣了10名物理科学工作者参加丁肇中的实验小组。

对于这次合作，丁肇中充满了信心，他相信中国科学家一定能在物理学领域闯出一片天地。事实也证明丁肇中的猜测是对的，中国科学工作者在唐孝威的带领下，在德国汉堡电子同步加速器中心表现出色，得到了全世界同行的认可。这一刻，除了唐孝威等人，笑得最甜的要算是丁肇中了，因为他终于实现了自己的愿望：为中国科学现代化建设贡献了自己的一份力量！

丁肇中这次不失时机地带着妻子凯伊以及两个女儿丁明隽、丁明美回到中国，是想让她们多了解一些中国，特别是自己的两个女儿，丁肇中希望她们对中国有更深的认识和感情，毕竟她们的祖籍在这里，这里有她们血脉相连的亲人！

8月11日，中共中央副主席邓小平亲自带领时任中国科学院副院长的方毅、中国科学院副院长吴有训、科学院负责人刘华清以及有关方面的负责人，一起会见了丁肇中一行。会谈气氛热烈而融洽，最后，双方达成共识，一年派10个人参加丁肇中实验组的研究工作。

于是第二年，第一组10名年轻的物理学工作者加入了丁肇中在联邦德国汉堡电子加速器研究中心进行的高能物理实验。

2

优等生的标准

丁肇中是一个非常热心的华裔科学家，他不仅仅关注中国现代科技的发展，也关注中国新一代科学工作者的培养和教育，他的多次中国之行，都要抽出时间对中国学生进行教育，特别是对中国中学生以及大学生，他寄予了很大的希望。他认为在人的一生中，学生阶段是最关键的阶段，如果这个阶段没有受到良好教育，将会影响他们的一生，影响中国未来的科技发展。

1979年10月，丁肇中应北京市第八中学的邀请，特地抽出时间为师生们作题为《什么是优秀生》的演讲。他以自身的经历为依据，向第八中学的学生作了一场精彩的演讲。他在演讲中说道：

中国学生都一直想当优秀生，这是非常好的。可是很多学生并没有理解"优秀生"的意思，所谓"优秀生"，在中国学生的印象中，都是那些各科成绩都很好，八十、九十甚至一百分。考试考得好，固然很重要，但是，一个学生，如果只会啃书本、应付考试，那他所得到的知识是极其有限的，很可能是重复前人所掌握的东西。因此，我认为，比考试更为重要的是：我们应该对某一门课程有比较深刻的了解，不是死啃，而是独立思考。在物理、数学、化学、生物等领域里，认真地想一想，每一个自然现象发生的原因，设法解释各种现象之间的内在联系。这样，我们不但能掌握已知的科学成果，而且可能发现新的问题。

我对所有学生，有一条共同要求，就是任何时候都不要死读书，不要被分数牵着鼻子走，而要善于独立思考，勤于自己动手，使自己具备竞争的能力。

所谓竞争就是尽最大的努力，用最快的速度和最好的质量超过别人。有人怕在竞争中被淘汰，其实，愈怕竞争愈要被淘汰，因为你不竞争人家在竞争嘛！但是要理解竞争的含义，竞争不是鬼鬼祟祟、勾心斗角，而是你激励自己比别人好，别人也可以激励自己比你好。只有竞争，大家才能努力向上，既突出了先进，又使得落后的坐不住，奋起直追。我们科研工作者之间的竞争是很厉害的，而我们又都很好地保持着友谊，及时地交换资料。

……

丁肇中一针见血地指出了存在于大多数中国学生身上的缺点，虽然中国留学生在国外得到很多的好评，可是有一个缺点是无法避免的：中国学生考试很厉害，可是动手能力却差，因此给了外国学生一个特别不好的印象，即中国学生只会考试！而丁肇中正是看到了这一点，才对北京第八中学的学生进行这方面的教育。

丁肇中的教育观点引起了热烈的反响，此后，很多学生纷纷提出这样一个问题："请问丁教授，怎样才能做个优秀生呢？"对此，丁肇中在1979年下半年的《青年科学家》杂志上发表了一篇文章，其中包含了他对这个问题的看法。文章的题目是《在探索中——一个物理学家的体验》，在该文中丁肇中以自己亲身的经历和研究经验，教育中国的青年科学工作者、广大青年学生热爱科学、献身科学。他在文章中写道：

攻城不怕坚，攻书莫畏难。

科学有险阻，苦战能过关。

让我这样年纪的人现在来写一份传记是件很困难的事。由于对科学研究事业的兴趣，我还准备把我的工作长期继续下去。在这里，我所能做的仅仅是以我个人的经验为中国的青年学生提供一些借鉴和参考。

……

近些年来，我与优秀的年轻的中国物理学家们在一起工作。我们共同从事着两项研究：（1）除了胶子的工作以外，继续寻找新的粒子；（2）也许更重要的是用实验的方法去寻找自然界中4种力的统一（万有引力、电磁力、核力和弱力）。寻求对自然界的各种力的统一理论是科学家们多年来梦寐以求的愿望。这可以追溯到几千年前希腊和中国的哲学家们，直到更现代的科学家们，如爱因斯坦和麦克斯韦。我们试图做的实验是去争取发现弱力和电磁力之间的耦合作用。依照我们现在的理解，这一目标很可能在近几年内达到。

……

非常朴实的语言，却道出了自己对"优秀生"独特的看法，虽然在文中并没有经常提到"优秀生"这个概念，可是从丁肇中对自己一生的回顾当中，我们不难看出，丁肇中对优秀生的理解，基本上可以概括为：自主选择、坚持观点、检查结果、刻苦工作。

1979年10月到1980年7月，在离开中国不足10个月的一天，丁肇中又一次带着家眷来到中国。在北京稍微停留了几天后，他又飞往大西北的中国科学院西安分院。在那里，他作了一场关于高能物理实验新进展的学术演讲。他在演讲中指出，现在物理最重要的问题是：所有物理领域是不是有统一的规律？能不能做统一的解释？他说：高能物理是一门花钱很多、通常成果很少的学科，但有时能对人类知识做出非常重要的贡献。

他的演讲为中国学子们提出了一个新的问题，也为中国学子提出了更高的奋斗目标和方向。

1982年2月的一天，丁肇中再度来华讲学。2月6日，丁肇中在由中国科学院主席团执行主席、研究生院院长严济慈主持的报告会上作了精彩的学术演讲。他用丰富的图片和资料，详细地介绍了近2年来由他领导的实验组在欧洲核子研究中心建造的最新正负电子对撞机LEP上的规划。他分析了高能物理实验的发展，提出了一个先进的、具有独特的探测器的设计方案。他首先强调要有明确的物理目标，这是考虑物理实验的基本出发点。他提出要分主次，实验要全力保证完成主要目标，要具有自己的特色。他还介绍了进行实验物理研究必备的条件。他认为，一个实验组要做出成绩，就要有一支好的队伍，物理学家做工作要有兴趣、要有目标，一旦认定一个目标以后，就要力排众议，不计较别人的议论甚至反对，坚定不移地在实验中探索科学真理。同时，做实验要争取时间，争取第一。

在这次中国访问期间，丁肇中还愉快地接受了"中国科技大学名誉教授"的聘书。他兴致勃勃地与该校的大学生进行交谈，学子们从中受益匪浅。

　　然后，丁肇中针对当时的教育体制，结合自己的经验谈了青年如何选择理想的问题。他是这样说的：

　　人一生可能有很多理想，那么如何选择呢？以我的经历来说，选择最适合自己发展的理想是最为明智的。很多人都会把自己的理想定位在功名利禄上面，其实是不正确的。

　　就以我而言，科学研究不是为了出名，如果说是为了出名而去搞科学研究，那是相当危险的。在科学领域，尤其是在自然科学领域，只有第一名，没有第二名，最重要的是不为名、不为利，做你自己认为是最重要的事情。

　　如果有人把自己的理想定位在学自然科学上面，那么就应该首先问问自己，对自然科学到底有没有兴趣，不要因为一时冲动而耗费自己的一生。选择自己的理想应该以兴趣为主，不能以求名求利为主。世界上绝大多数自然科学家，往往花上一辈子时间来做研究，有的人没有任何成就，即使有点成就，也是相当有限的，纵观这些科学家，很少有人，可以说极少数的人，能够做出重大发现。

　　……

　　比如说选择物理学，甚至说选择实验物理学都是从兴趣出发的，这是我最感兴趣的事情，我愿意花一辈子时间在这方面钻研工作，虽然可能只有一点点贡献，我也感到满足、感到幸福。抱着这种精神才好，才可能创造出最好的成果。

　　在获得了物理学博士学位以后，许多学校和科学研究部门都向我提供了各种职位，并且纷纷拿出了自己最诱人的一面。如一些职位附有优厚的薪金、一些职位有比较重要的地位、一些职位所在的单位名声显赫等。可是最终，我选择了一个可以使我进一步从事研究的工作，那就是在瑞士日内瓦的欧洲核子研究中心，同其他高薪职位相比，它只有三分之一的薪金并且任职期很短，只有一年。如果不加紧时间，根本就做不出什么大的成就。可是我还是选择了这个职位，原因非常简单：因为我渴望能够和欧洲核子研究中心的科科尼教授一起工作。在我的印象当中，他是一位有非凡能力的物理学家，在选择物理学研究课题方面具有特别敏锐的洞察力。他能够以一种清晰和简明的方式阐述复杂的问题。

在那一年时间里，我的兴趣得到了很大的满足，也从科科尼教授身上学到了很多东西，这让我感到非常欣慰。

一年以后，我回到哥伦比亚大学，在物理系担任讲师。当时，哥伦比亚大学是从事物理学研究的最好的学校。这所大学有相当多知名的和有才华的物理学家以及荣获诺贝尔奖的学者，他们都对物理有极大的兴趣和独特的见解。在欧洲核子研究中心的一年和哥伦比亚大学的2年，对我后来的工作有极大的影响。

物理研究工作是一种需要极大的耐心的工作，其中还包含着一定的运气因素，因此，并不能保证进入这个行业的人都一定会有好的成果，更不用说眼前的报酬了。那些一开始就好高骛远的人，最终的成就也就最少，甚至没有。假如能踏实一点，从事一些较实用一点的研究工作，情况可能比较好些，只要你肯干、肯自强，一个普通人也可以有伟大的成就。

我一生所学的可以归纳为：选择自己感兴趣的一个学科，透彻地理解它，摒弃一般流行见解，坚持自己的科学观点，对自己的成就要有所怀疑，并十分仔细地去验证自己的工作，尽自己的能力为自己的科学领域和社会做出贡献。

在演讲结束后，中国科技大学的学生提出了关于"治学方法"的问题，针对这个问题，丁肇中回答说："一般中国学生在美国大学里，开始成绩很好，可是出了校门去做研究题目，并不能特别超越其他国家的学生，我想，造成这样后果的主要原因就是中国学生喜欢背书、喜欢死记。须知从事科研工作以后，背书和死记都没有用了。我认为，一个中学生如果对自然科学感兴趣，就应该彻底了解书本上、课题上所说的东西与课外自然现象之间有什么联系，而不要完全背书、死记公式，须知死记公式、完全背书是没有多大用处的。"

随后，丁肇中又来到中国科技大学教师中间，与他们进行了座谈。他说："有些教授喜欢把研究生留上七八年，我认为这样不好。因为一个学生从任何一个人那里学到的东西都很有限，所以，我让学生在我这里学习

2年就毕业，2年时间已足够了，况且学无止境，学生毕业之后难道就不需要继续学习了吗？"

对于这个问题，丁肇中还深有体会地说："作为一个科学家，最重要的是不断探寻教科书之外的事，对该学科有更深入一层的理解，有能力去独立思考各种物理现象的本质，面对占压倒优势的反对意见，要毫不胆怯地迎接挑战。"

丁肇中的中国科技大学之行，不仅让学子们受益匪浅，也让教师们从中得到了很多启示，这对他们以后的教学工作是有很大帮助的。

1983年，丁肇中再次归来。3月18日，他来到了"中国师范院校第一校"——北京师范大学，受到师生们的热烈欢迎。他愉快地接受了北京师范大学颁发给他的名誉教授聘书，并表示以后要为中国多培养一些科学人才。

1984年这一年，丁肇中更是频繁地飞向祖国的怀抱，他曾经3次来到北京，其中2次是为了选拔学生到他的实验组工作、学习和进修。从中可以看出，他对于中国科技人才的培养真是倾尽了心思。

1985年6月28日，丁肇中回到阔别了47载的故乡日照市，在亲人朋友的陪同下，丁肇中参观了当地的工厂、学校，并且鼓励山东的学生到自己所在的学校去攻读学位。

2001年9月，山东烟台二中的"张敏之教学楼"落成剪彩，丁肇中还抽空写来亲笔贺信，勉励烟台二中的学生努力学习，培养兴趣，成为有用之才。丁肇中在贺信中写道：

同学们：

很高兴在"张敏之教学楼"揭幕式上和大家谈谈我个人在科学上的体验。小时候常听我父母谈起张敏之先生的事迹和在教育上的贡献，同时我还记得我母亲讲她小时在烟台上学的故事，给我留下很深刻的印象。

自然科学（物理、天文、生物、化学等）是实验科学，一个理论无论它多么高明并合乎逻辑，若无法由实验加以印证，终究是毫无意义的。实验与理论交互影响的结果，促进了科学的进步。先进、精确的实验结果和理论之预测互相对照，终致产生新的理论，而此新理论又面临新的实验之挑战，所以作为一个好的科学家，必须对理论与实验的基础有深入的理解。

大约半个世纪前我在中学读书时，并非班上的佼佼者。我的父母从未要求我背书，也未要求我在考试中争取最高分数。

对我影响最深者是我的母亲，在考试中无论我得到怎样的成绩，她都能谅解与接受。平时在家里我们经常可以听到许多伟大的科学家的成就事迹与逸事，这样一个温馨自由的家庭气氛，加上科学家的影响，使我在年轻时即已下决心做一个科学家。

在高中时，我曾对中国历史深感兴趣，中国有世界上最悠久且未曾间断的历史记录，其间有许多伟大的成就值得我们骄傲。我同时也对数学、化学和生物兴致勃勃，其他科目上则表现平平。我曾花了相当长的时间在物理和数学两科。记得当时曾对牛顿定律F=ma的意义想了数周之久。对质量m、加速度a及力F之物理意义非常困惑不解。

在中学接受到的非常踏实的教育，对我日后成为一个物理学家有极大的帮助。1955年中学毕业，1956年进入美国密歇根大学，直到1962年止，历时6年，我相继获得物理学和数学学士学位及物理学博士学位。1976年，我获得了物理学诺贝尔奖。

我想用4则简短的故事谈谈我所参与的20世纪的物理学。第一则故事：测量电子的大小。

费曼、薛定谔、朝永振一郎等知名物理学家，在近代电磁理论中均认为电子是没有体积的。在1960年之前，所有的实验与这个理论的预测相吻合。1964年由哈佛大学与麻省理工学院建造完成一个大型电子加速器，并由哈佛大学与康奈尔大学在这方面的专家设计建造了一套高灵敏度的实验装置，以求测量电子的大小。实验结果显示，电子是有体积的，它的半径是10^{-14}厘米。实验结果与原理不相符合，证明近代电磁理论是错误的。

1966年我在（联邦）德国用不同的方法重做这个实验，结果我们发现电子的确没有可测量的大小，其半径小于10^{-14}厘米，与理论完全不符合，也就是说近代电磁理论是正确的，从这个故事中，得到第一个启示：切勿永远顺从专家的想法。

第二则故事：新夸克的发现。

在20世纪70年代，所有已知的基本粒子均由3种夸克组成。我当时就怀疑，为什么只有3种夸克？为了寻找新的夸克，我决心组装一个高灵敏度的探测器，该探测器对夸克探测的灵敏度为既有探测器的100亿倍。也就是说，我们要在100亿个基本粒子中找出由新夸克组成的新粒子。这个实验的困难度可以用下面的比喻来说明：在一个下雨天，每秒钟在烟台落下的100亿个雨滴中，有一个颜色不同，我们要将它找出来，其难度可想而知。在当时，几乎每一个人都相信夸克只有3个，再加上这个实验的难度太大，使得世界上几乎所有的加速器实验室都拒绝接受这个实验，最后，美国纽约的布鲁克海文国家实验室终于允许我们进行这个实验。我们果然发现了一个全新的夸克，该夸克所组成的粒子呈现了意想不到的性质：

1. 非常之重，比所有的已知粒子都重；

2. 生命期很长，比已知的粒子长1000倍以上。

这些性质显示新的物质的存在（来自新的夸克）。而夸克只有3种的旧观念被证明是错的。今天我们已知最少有6种不同的夸克。

由于这项成果，我获得了1976年的诺贝尔物理学奖。这里我们得到了第二个启示：对于你认为正确的事，应永远保持自己的信心坚持做下去。

第三则故事：胶子的发现。

在现代物理的基本理论中，光子是原子间作用力的传递者，而胶子则是夸克之间作用力的传递者。1979年以麻省理工学院为主，由我率领的研究组利用（联邦）德国汉堡的正负电子对撞机进行实验。实验中发现一些特殊的现象。我们发现有3个粒子族射的事例。这样的事例只能以胶子的存在来说明，这个发现并非此实验的原始目标，但由于我们的充分准备，并没有漏失这个意料之外的现象，因而证实了胶子的存在。所以我们又有了第三个启示：对预料之外的事件做好充分的准备。

第四则故事：寻找反物质与暗物质的实验（AMS实验）。

根据宇宙是由大爆炸产生的理论，爆炸产生出对称的正物质和反物质，应该有一个反物质的宇宙同时存在。

如果有反物质存在，它必然会释放出反碳、反氦、反铅等，它们会在大气层中被湮灭掉。因此，我们设计了一个探测器送入太空进行探测。由于反物质与物质的电性相反，我们可以探测粒子在磁场中的轨迹，根据其旋转方向，决定其电荷符号，进而分辨该粒子是正粒子还是反粒子。

AMS是我们根据以上考虑而设计的探测器。AMS01已于1998年6月由美国发现号航天飞机带入太空进行了10天的太空飞行，采集了大量的数据，所发表的文章得到国际物理学界的高度评价。AMS02将于2003年10月送到国际空间站进行3~5年的实验。

综上所述，我们现在面临的新问题是：如果宇宙开始于大爆炸，物质与反物质应该各占宇宙的一半，那么，反物质的宇宙在哪里？我的第四个启示，也是最重要的：常保持好奇心，对自己正在进行的工作感兴趣，并辛勤地工作，力求达到最终的目标。

谢谢！

在这封信中，丁肇中通过自己的亲身经历和同学们谈读书、科研，并且通过自己的亲身经历告诫学子们，作为一名优秀的科学家应该具备什么样的素质，比如说切勿盲目顺从专家的意见、要永葆自己的信心持之以恒……丁肇中为烟台二中的学子们上了非常重要的一课。

从1975年11月第一次回国踏上祖国的土地以来，丁肇中就一直致力于培养中国的科技人才，为中国的教育事业贡献着一份自己的力量，这不仅仅表现了他对祖国青少年的殷切期望，更表现了一位海外游子对祖国母亲的无限爱戴、对祖国美好未来的无限期待……

3

传道授业

自从丁肇中首次回大陆访问之后，几乎每年都要回到中国来讲学，招收研究生，与中国科学家进行学术交流……

在丁肇中的安排下，1978年，第一批10名中国青年科学家在唐孝威的带领下，加入了丁肇中的实验小组，开始了首次合作，并且为实验组做出了很大的贡献，受到了丁肇中以及各界的好评。

为了支持中国科技事业的发展和科技人才的培养，丁肇中多次向有关单位赠送电子仪器、电子计算机等。

除此之外，丁肇中还联合杨振宁、朱亚光、丁石孙等海内外50余名知名学者、专家、领导以及中国物理学会、化学学会、数学学会、天文学会、地质学会、地理学会、空间科学学会等共同发起成立"中华国际科学交流基金会"。这个基金会面向全世界的科学工作者和科技企业，促进国际科学技术交流与合作，资助科技创新和为科技需求者提供各种有效的咨询服务，促进高新科学技术及其产业的发展……

丁肇中为中国科学的发展所做的贡献是大家有目共睹的，自从成立了"中华国际科学交流基金会"，中国就多次举办、参加国际性科学技术方面的交流活动和科技成果转化活动，并且取得了一定的成绩。

2000年，丁肇中与杨振宁发起成立"清华大学北美教育基金会"。该基金会的宗旨是在北美地区为清华大学的建设与发展筹集资金。北美地区有上万名清华校友，许多人事业有成，在当地建立了深厚的人际关系，潜力很大，资源可观。因此，在北美地区有希望为清华大学筹到相当的捐款。这可以为清华大学在2010年建校100周年之际，建成与美国哈佛大学、斯坦福大学、牛津大学、剑桥大学等名校学术地位相当的世界一流大学发挥一定的作用。清华大学北美教育基金会董事会由杨振宁、丁肇中、田长霖、王大中和陶森5人组成，在美国特拉华州注册，是一个非营利团体。

除此之外，丁肇中还为中国多所大学讲课，并被聘为名誉教授。继1982年被中国科技大学聘为名誉教授之后，1983年，他被聘为北京师范大学的名誉教授；1987年，又接受上海交通大学的聘请，成为该校的名誉教授。

1992年5月，被南京大学聘为名誉教授；同年7月，被东南大学聘为名誉教授。

1994年6月，丁肇中当选中国科学院首批外籍院士。

1994年10月，山东大学也聘请他为该校的名誉教授。

1995年8月5日至9日，第一届世界华人物理学大会在汕头大学新落成的科学中心举行。来自世界各地的400余名华人科学家出席了这个具有历史性意义的盛会。丁肇中出席了大会，并在会上作了精彩的发言。会议期间，丁肇中还十分愉快地接受了汕头大学的聘请，成为汕头大学的名誉教授。

1999年10月，被北京大学聘为名誉教授。

2001年，被协和医科大学聘为名誉教授。

……

从丁肇中受聘的这些情况来看，他确实为中国的科技事业做出了巨大的贡献。当然，丁肇中为中国科技所做出的贡献绝不仅仅局限于成立各种基金会和受聘为大学教授，更重要的是他还以各种方式来促进中国科学界与各国科研机构合作。

1999年6月24日，丁肇中与欧洲核子研究中心主任卢齐亚诺·马亚尼教授来到了清华大学参观访问。访问期间，他们同清华大学校长王大中院士商讨了欧洲核子研究中心与清华大学合作交流的事宜，并参观了清华大学激光单原子检测实验室、纳米材料实验室、粒子技术与辐射成像国家专业实验室及核研究院等地方，并提出了各项建议。

6月28日下午，国家主席江泽民在钓鱼台国宾馆会见了丁肇中和马亚尼。丁肇中和马亚尼一行是应中国科学院的邀请来中国进行访问和交流的。会见时，科技部部长朱丽兰、中国科学院副院长许智宏也在座。在听取马亚尼、丁肇中对欧洲核子研究中心的部分研究项目和进展情况的介绍后，江泽民肯定了中国科技界与欧洲核子研究中心的成功合作，并表示中国将在力所能及的情况下继续开展同欧洲核子研究中心的合作。[1]

4个月后的10月底11月初，丁肇中在这一年内第二次来到中国，应邀来北京参加中国科学院建院50周年中外著名学者学术报告会。期间，国务院总理朱镕基会见了他。11月3日上午，丁肇中在北京科技会堂作题为《我所经历的20世纪实验物理学》的报告。在报告中，他介绍了过去由他主持进行的4次有重大科学价值的高能物理实验的故事，并谈了4点体会，介绍了现代科学家应具有的素质。

演讲结束后，丁肇中又驱车赶到北京西郊的中国科学院高能物理研究所，与高能物理研究所的科学家们共同讨论我国AMS的设计与研究。在短暂的休息间隙，丁肇中接受了记者的采访。回答记者的提问时，他认为，中国科技水平在某些领域已达到国际一流的水平。当记者提到他之前接受

① 新华社北京1999年6月28日电。

中央电视台访谈其实也是一种科普行为，并问他如何进行科学知识传播时，丁肇中回答得质朴又实在："我绝大多数的时间是在做科学研究，在实验室里搞实验，很少去电视台这样的地方。因为我们是搞科学的，所以这点我必须实事求是地说。"

11月4日，丁肇中与其他5位获得诺贝尔奖的科学家在中央电视台演播室与中国青年科技精英对话，共同展望21世纪的科学前景。丁肇中在对话中表示：最好不要重复别人已做过的事，要根据自己的判断坚持实验，总结经验。

2000年11月5日，丁肇中应邀来到位于南京的东南大学，在首届"吴健雄·袁家骝科学讲座"的开幕式上发表了热情洋溢的演讲——《寻找宇宙中的基本粒子》，并且勉励在座的大学生一定要从小确立自己的兴趣爱好，并且在这个方向上不断努力。这样，即便是一个普通人，也能做出很大的贡献！

当有人问丁肇中："成功的背后是艰辛，您认为自己最大的牺牲是什么？"丁肇中回答说："我不认为我有最大的牺牲，没有人逼我去做什么，这些都是我自己愿意做的。"

第二天，丁肇中应邀来到中国科学院参加科学院创新战略论坛，并发表演讲，他多次提到中国科学家在他承担和领导的国际科学实验项目中的贡献。演讲结束之后，有人向丁肇中提出问题："您讲到对意外的事要有充分准备，那么您有没有可能帮助中国的青年科学家，在再次做实验时，在意外的事情发生之前，先做一些理论方面的准备呢？"

对此，丁肇中毫不犹豫地回答说："我绝对愿意与中国科学家合作，但是我觉得做实验，理论的推测可能与我们的内容没多大关系。"回答简单质朴，却震撼人心！

……

像这样的大会，丁肇中在中国参与了很多，并且每次都给与会人员一些新的启发和激励，特别是他那句"我绝对愿意与中国科学家合作"，足以振奋中国人的心。丁肇中无疑走在了世界物理学的前沿，而他和中国科学家的合作将中国的物理学研究也带到了世界的前沿，这是千千万万中国人的心愿，更是丁肇中的心愿！

4

桑梓总关情

丁肇中虽然生活在异国他乡，却是一个非常恋家的人。从离开台湾到美国密歇根大学的那天起，丁肇中就一直在国外奔波，忙于科研，没有时间回家看望父亲、母亲，及其他亲友同学。丁肇中没有时间和他们见面，但并不表示丁肇中已经忘记了自己的故乡、忘记了亲友故交。

中国有一句古谚："做人不能忘本。"丁肇中也明白这一点，自己再怎么舍弃，父母和故乡以及故乡的亲友是绝对无法割舍的。他清晰地记得，他离开台湾的前几天，在美丽的新店碧潭，他的好朋友商武和顾德楷那依依不舍的眼神，还有他们曾经青涩的预言和约定……

几十年的时间过去了，丁肇中已经从当年的懵懂少年成长为高能物理学家，也经历了人生的风风雨雨。可他依然没有忘记当年同学们对自己的期望之情，没有忘记母亲曾经对自己说的那句话："无论你做哪一行，你都要成为那一行的佼佼者！"现在虽然母亲已经不在了，可是她留给丁肇中的这颗心，却还是流着中华民族的血，无论走到哪里，丁肇中都不会忘记自己是一名地地道道的华夏子孙。

虽然现在工作也还是很忙，但是丁肇中觉得无论如何都要带着家人回自己的故乡——日照看看。日照是丁肇中真正的故乡。丁肇中出生的时候，正值战乱年代，为了躲避战乱，丁观海夫妇早早地带着丁肇中离开了日照，中间虽然回来过，却也只是短暂停留，丁肇中对日照只有一个印象，梦一般的印象，很轻也很柔。在诸多不眠之夜，丁肇中都会站在阳台上，遥望东边的那片海，他知道那片海的边上就是自己真正的故乡。

在1985年之前，日照还只是一个县，而丁肇中的故乡就是这个县里面一个叫"涛雒"的小镇。1985年，山东省决定将日照由县改为市，而丁肇中就是在这年的6月第一次回到阔别47年的故乡日照市涛雒镇。

日照市政府在得知丁肇中即将回到故乡探望亲人的消息之后，做了大量的准备工作，比如说为了使丁肇中与家乡的族人、亲属早一点团聚，政府工作人员便提前将其族人、亲属接进日照城里。

6月28日上午10点45分，丁肇中偕同夫人终于回到了山东省日照市，踏上了久违的故乡的土地，这次随他一起探乡的还有他的姑妈和堂姐。相聚的时刻总是激动的，更何况是阔别了47年之后的第一次相聚啊！此时的丁肇中完全沉浸在相聚的喜悦当中，兴致勃勃地向族人打听着家乡的发展和变迁，旁边的政府工作人员也在做着各种各样的解释，整个现场热闹极了。丁肇中紧紧地握着亲人们的手，激动的脸上泛起阵阵红晕。同样激动的还有他的族人和朋友们，他们也紧紧地握着丁肇中的手，一遍一遍地询问着他各种情况。虽然丁肇中的夫人对于中文并不是很熟悉，但她还是很理解这种心情，每每安静地站在一旁，看着丁肇中满脸微笑的样子，她也忍不住开心地笑了。这样的时刻在丁肇中一生中并不常见，特别是丁肇中的笑容，更是少得可怜。在平时的工作中，丁肇中是一个非常严肃的人，他不允许他的同事、下属做任何和实验没有关系的事情，即便是简单的聊天都不可以。因为丁肇中长期在实验室里待着，严肃已经成为一种习惯，即便回到家里，他也同样是一副严肃的样子。

可是这次却不一样了，早生华发的丁肇中回到故乡后，遇到了自己几十年不曾相见的亲人、朋友，重温几十年前的那个场景，虽然有点物是人非，但是热情却是相同的，故乡以浓浓的温情来迎接这位物理学界大师。丁肇中不由得想起唐代诗人贺知章的《回乡偶书》：

> 少小离家老大回，乡音无改鬓毛衰。
> 儿童相见不相识，笑问客从何处来。

不久，丁肇中在政府人员的安排下，和亲朋好友吃了第一顿饭，虽然只是简单的饭菜，可是在丁肇中眼里，即便是山珍海味，也不过如是。

下午，丁肇中和夫人等人在政府各界领导的陪同下，回到故里涛雒镇。镇里的人听说此事之后，都纷纷拥到路口想一睹大师的风采，甚至很多人连生意都不做了，在丁肇中的车队进入镇里的时候，都奔出了庭院，分列两旁，夹道欢迎……

虽然他们没有看见过丁肇中，虽然他们有的还不太明白诺贝尔物理学奖是怎么一回事，但是他们明白一个游子回归故里是一种什么样的心情，他们也明白，像丁肇中这样一个游子，回到自己的故乡是多么的不容易，仅仅这一点就足够了……丁肇中从车里出来的时候，所有的人情不自禁地热烈鼓掌。面对这样的场景，丁肇中感动地招手不止，眼里忍不住地有了些许的泪花……这种感动是无法用言语表达出来的，这种心情也是无法用词语形容出来的。

在族人的带领下，丁肇中满怀深情地瞻仰了自己的祖宅故居，还参观了父亲丁观海少年时代的书房，重温了那个美丽的童年，为了能永久地留下这个回忆，丁肇中还在故居面前拍了照片。

丁肇中还在族人的陪伴下，怀着一种无比沉重的心情到祖先的墓前祭扫。

晚上，日照市政府为丁肇中安排了盛大的欢迎宴会，丁肇中和族人、亲朋好友等都参加了这个晚宴。席间，丁肇中品尝着家乡风味的菜肴，一直赞不绝口。最后，丁肇中还愉快地接受了市政府的聘请，担任日照海洋渔业学校名誉校长。

在这次回乡期间，丁肇中感慨万分，他一直记得故乡留给他的感觉，这也让他思绪万千，久久不舍得离去。但他相信，不久之后的他还是会回来的，回到属于自己的故乡……

阔别17年后的2002年6月，丁肇中第二次回故乡。丁肇中再次回到家乡，家乡却已经发生了更加巨大的变化，与第一次（返乡）相比"完全就是两个城市"，这令丁肇中激动不已。在海滨沙滩上，丁肇中饱含浓浓的乡情说："日照是我的故乡，我发现日照的沙滩、水和夏威夷的非常接近。"

相聚的时间总是短暂的，丁肇中又匆匆准备回去了，在日照的最后一天是丁肇中祭谒祖墓的日子。他怀着沉重的心情来到丁家官庄东侧祖父丁履巽先生的墓前，敬献了花圈并行三鞠躬礼。墓碑上用中、英两种文字铭刻着下列碑文：

深切怀念我的祖父
一位通过教育鼓励家人为世界做出贡献的人。

丁肇中

2002年6月15日

之后，丁肇中深情地望着祖父的坟墓感叹道："真应该把儿子带回来，让他看看家乡，让他知道他的根在这儿。"

3年时间很快过去了，2005年，丁肇中借在山东大学讲学之机，应家乡人民邀请，带着妻子和儿子丁明童（英文名字：克力斯多夫·丁）一起回到了老家日照市涛雒镇。虽然他的妻子曾经来过这里，可这是丁肇中第一次带着儿子回到自己的故乡，他要让19岁的儿子知道，他的根在中国。

这次，他终于完成了自己埋藏了多年的心愿，让自己的妻子和儿子一起来到了祖父的"面前"，重温旧情。据丁肇中一个本家的叔叔介绍，丁肇中的祖父在丁肇中父亲丁观海5岁的时候就过世了，因此丁肇中只能依稀记得祖母的样子，想来不胜遗憾，可是看到自己的儿子正在茁壮成长，丁肇中心里也有了些许安慰。

丁肇中的儿子丁明童是一个帅气阳光的小伙子，身体非常强壮，甚至有点像个"美国大兵"，一身随意的T恤和牛仔裤，笑容非常灿烂，从他身上已经看不出任何华裔的影子。当记者问他："Do you speak Chinese（你会说中国话吗）？"他连连摆手："No！No！No！"即便如此，丁肇中还是不放弃任何机会给儿子灌输"根"的思想，不过他说的是英语。

丁肇中在故乡这两天一直都是这个样子，无论走到哪儿干些什么，他都会把儿子叫到身边不停地讲。据丁肇中介绍，平时难得有机会和儿子在一起，更不用说这种面对面的教育了。在山东大学讲学时，就连父子俩早上6点起来散步，看到有练太极拳的，丁肇中也会把儿子叫过来解释一番什么叫"太极"。不过这个在美国长大的丁明童一副似懂非懂的模样。听说在来日照之前，曾有人对他讲日照是他的家乡，丁明童连连摇头，指着父亲说："No！No！His hometown！（不，不，那是他的家乡！）"不知道这一次，丁明童能不能了解父亲的良苦用心！

在丁肇中第三次来到故居面前的时候，涛雒镇的"丁肇中祖居"已被整修一新，大院里还辟出几间房建成"丁肇中科技馆"，等待了丁肇中来剪彩，并且发表一次演讲，可是当主持人洋洋洒洒致了一段比较长的贺词后，丁肇中却说了很简单的一句话———一句大家都没想到、和祭祖根本无关的话，他是对着那些在日头下等待他的孩子们说的："你们要发展自己的理想，不要只为了考试而读书，这是我今天要说的唯一的话。"话虽然很短，也让大家很诧异，可是其中所包含的感情并没有减少，它所传达出来的对于故乡学子的期望也没有少。正是因为这简短的一句话，使得人们更加地敬仰他……

其实丁肇中说这句话是有原因的，在他第一次回到日照的时候，他就说过，中国很多地方的学生都纷纷到国外去做研究，可就是没有山东的，更没日照的，他今天之所以说这句话，想必也是对故乡学子的一种期待吧！

随后，丁肇中开始踏进丁家大院，在踏进门前，丁肇中发现有一副对联"诗书继世，忠厚传家"，他低声念了一遍门上的对联之后轻轻推开祖居大门走了进去，里面是一进又一进的院落，灰墙灰瓦的房子旁边种着竹子和花草，古色古香，到处弥漫着书卷气。一位名叫丁原志的老人向大家介绍：丁家的大门叫"五宅大门"，因为丁家是涛雒镇的名门望族，当初没分家时，五支同建一个大院，院子比现在还要大很多。丁家一向是书香门第，祖上曾连出进士、举人，而丁肇中的祖父丁履巽肆业于上海复旦大学。在谈到丁肇中的时候，丁原志开口就笑："我第一次见你的时候，你才这么大，我还抱你了呢。"77岁的丁原志还用手比画——不到半米高，丁肇中低头微笑。丁原志接着说："我是他叔。"当人们笑问丁原志："那丁肇中见你都喊叔吗？"老爷子一个劲地点头："喊，喊。"

当然，这些丁肇中的记忆里都不曾有过，因为丁肇中只在自己两个月大和两岁时，两次住在涛雒镇，前后仅仅半年时间，因此涛雒镇对他来说，更像是一个代表家乡的符号。

在丁家祖居主厅——种德堂门前，丁肇中沉思了许久，他的祖父在父亲丁观海5岁时就已过世，他有印象的只有祖母，随后他对身边的人说："我还记得祖母很偏向我，每当我和堂兄、堂姐有冲突时，她都说是他们的错。"此时年近古稀的丁肇中慢慢地回忆着儿时最美好的时光，令在场的人都感动不已。

在短暂的相处后，人们不难发现，其实丁明童对于中国文化已经有了一点点的了解了。受到丁肇中的影响，丁明童潜移默化地接受了中华文化的熏陶——小伙子见人就很热情地握手为礼，共同出门时他会往后一缩让别人先走，嘴里说着蹩脚的"谢谢"。"他的中文名字叫丁明童，是他的爷爷根据丁家辈分起的，他的两个姐姐，一个叫丁明美，一个叫丁明隽，这是为了纪念我的母亲王隽英起的。"丁肇中告诉记者。

在父亲说起这些的时候，丁明童在一旁默默地听着，虽然他不了解这个陌生的故乡，但是他相信，他一定不会忘记这里，如同丁肇中不会忘记中国一样。中国日照永远是他们牵挂的地方。

临走时，丁明童诚恳地用英语说："这次我回到了爷爷的故居，乡亲们接待得这么好，我终于了解了我们家几代人生活的情景，这些对我触动很大。等我回到美国，我一定跟同学们讲讲这次的经历。"

"我想给他补充两句，美国人喜欢去欧洲，那是去找他们的祖先，而他来中国，也是来找自己的祖先。"丁肇中盯着儿子说。

6月20日上午，丁肇中在山东大学威海分校作题为《我所经历的实验物理》的演讲后，登上了刘公岛，参观甲午战争博物馆。

在甲午海战的演示馆里，丁肇中观看了模拟海战演示。现场模拟了100多年前甲午海战的惨烈场面，当丁肇中看到当年北洋水师在日本舰队的狂轰滥炸下全军覆没时，他的表情严肃，默默盯着大屏幕上倒在血泊中的将士没有说话。当记者问他有何感想时，丁肇中说，最令他困惑的是当年那么强大的北洋水师，怎么会在一夜间灰飞烟灭了呢？

其实这不仅仅是丁肇中的疑惑，也是千千万万华夏子孙的疑惑，对于中国人来说，百年前的那场战争简直是一场噩梦。当然，现在我们不应停留在疑惑上面，而是要问：当时的中国为什么败得那么惨？我们应当从中汲取何种历史教训？甲午惨败使中华民族蒙受奇耻大辱，也强烈刺激了中华民族新的觉醒。甲午战争失败的核心原因是清政府的腐败。

当日下午，丁肇中携妻儿抵达青岛，开始他在山东"寻根之旅"的最后一站行程。丁肇中的父亲丁观海曾两度在青岛山东大学执教，他本人也曾在青岛上过一年多的小学，因而丁肇中对青岛有很深的眷恋之情。

丁肇中前往他父亲母校所在地——中国海洋大学（1959年，在山东大学部分科系的基础上成立了山东海洋学院，2002年更名为中国海洋大学）发表演讲，同时接受中国海洋大学授予的"客座教授"称号后，终于为此次山东"寻根之旅"画上了圆满的句号。

肇中论道

①

格物致知

所谓"格物致知"是指研究事物原理而获得知识，是中国古代认识论的重要命题之一，也是中国古代程朱理学最为关注的命题之一。此语出自《礼记·大学》："欲诚其意者，先致其知，致知在格物。"郑玄注："格，来也；物，犹事也。其知于善深，则来善物；其知于恶深，则来恶物；言事缘人所好来也，此致或为至。"

"格物致知"在《现代汉语词典》中被解释为：穷究事物的原理法则而总结为理性知识。它是儒家一个十分重要的哲学概念。朱熹专门写了一篇《补〈大学〉格物致知传》，提出了格物致知，即物穷理的认识论纲要。其文如下：

所谓致知在格物者，言欲致吾之知，在即物而穷其理也。盖人心之灵莫不有知，而天下之物莫不有理，唯于其理有未穷，故其知有不尽也。是也以大学始教，必使学者即凡天下之物，莫不因其已知之理而益穷之，以求致乎其极。至于用力之久，而一旦豁然贯通焉，则众物之表里精粗无不到，而吾心之全体大用无不明矣。此谓物格，此谓知之至也。

对于朱熹的解释，我们的理解是：格物就是即物穷理，凡事都要弄个明白，探个究竟；致知，即做个真正的明白人，为人行事绝不糊涂。

除了朱熹的解释之外，还有明代中叶的思想家、教育家王阳明，针对当时教育与知行分离的弊病，提出了新的"格物致知"教育思想，强调"知行合一"。王阳明的解释是："行之明觉精察处，便是知。知之真切笃实处，便是行。若行而不能明觉精察，便是冥行，便是学而不思则罔，所以必须说个知。知而不能真切笃实，便是妄想，便是思而不学则殆，所以必须说个行。原来只是一个功夫。故未有知而不行；知而不行，只是未知。"所以说："知是行的主意，行是知的功夫，知是行之始，行是知之成。"

在这里，王阳明所引的"学而不思则罔，思而不学则殆"等语，都是我国古代大思想家孔子曾经讲过的名言。而王阳明的学说，实际上是明代中期资本主义萌芽时期思想学术界反理学和反对精神束缚思潮的产物。它一反传统，自成一家，并且广泛流传到日本、朝鲜等东亚各国，成为当时促进社会进步的精神力量。

对此，丁肇中的父亲丁观海有着自己的看法，他非常赞同王阳明提出的"童子自有童子格物致知"的教育思想，即应当根据每个儿童的个性和学习能力因材施教，而不应用一个模子去束缚学生的思想。并且在丁肇中身上，丁观海也实行了这种教育方式。

和所有的"望子成龙、望女成凤"的父亲一样，丁观海也希望丁肇中能出人头地，可是丁观海在管教孩子的时候并不是和一般的家长一样，逼迫孩子学习或者是让孩子去做本身不愿意完成的事情，如果孩子没有完成好，还打骂孩子，丁观海觉得那是一种不正确的教育方法。

因此，丁观海在教育丁肇中的时候，采取的是一种更为开明的方式：对于丁肇中的学习，丁观海夫妇从来没有打骂他，也没有训斥他，更没有一味枯燥地说教，而是想方设法激发他学习的兴趣。无论丁肇中取得什么样的成绩，都会得到丁观海夫妇的肯定和赞美。在这种环境中，丁肇中慢慢找到了自己的兴趣所在。

在课余时间，丁肇中也不会像他的同学一样，被父母逼着去完成大量的作业，更不会被逼着参加各种各样的补习班，而是和父母经常出入于京剧院等场所，这种生活让他得到了充分的放松。在父亲的正确引导下，学习对于丁肇中来说，不再是一种负担，他开始对学习有了浓厚的兴趣和自觉的追求。后来，即使没有作业和功课，他也勤奋地学习，不肯浪费一点时间。

在到底要成为一个什么样的科学家的问题上，丁观海没有过分地要求丁肇中，而仅仅是给予他一些非常诚恳的建议，然后一切都由丁肇中自己来做决定，这一切，让丁肇中学会了真正的思考，正是这种思考的习惯，在丁肇中以后的研究生活中起到了不可替代的作用。

1991年，丁肇中的父亲丁观海因为胃癌在台湾去世，为了纪念可敬的父亲，丁肇中专门撰写了一篇题为《怀念》的文章。这篇文章语言朴实，然而情真意切，十分感人，发表后，曾引起较大反响，并荣获《瞭望》周刊"情系中华"征文特别荣誉奖。

丁肇中觉得父亲给他的一个重要财富是让他具有了格物致知的精神。这次征文结束后，在人民大会堂举办了一个盛大的颁奖大会。10月18日，丁肇中专程来京出席在人民大会堂隆重举行的颁奖大会。会上，全国人大常委会副委员长严济慈向丁肇中授奖。

颁奖之后，丁肇中神采奕奕地走上讲台，发表了一篇题为《应有真正的格物致知精神》的演讲。在这次演讲中，他说道：

我非常荣幸地接受《瞭望》周刊授予我的"情系中华"征文特别荣誉奖。我父亲是受中国传统教育长大的，我受的教育一部分是传统教育，一部分是西文教育。为了缅怀我的父亲和他对我的教诲，我写了《怀念》这篇文章。多年来，我在学校里接触到不少中国学生，因此，我想借这个机会，向大家谈谈学习自然科学的中国学生应该怎样了解自然科学。在中国传统教育里，最重要的经典之一就是"四书"，"四书"之一的《大学》里这样说：一个人教育的出发点是"格物"和"致知"。就是说，从探察物体而得到知识。用这个名词来描述现代学术发展是再适当不过的了。现代学术的基础就是实地探察，就是我们现在所谓的实验。

但是传统的中国教育并不重视真正的格物和致知。这可能是因为传统教育的目的并不是寻求新的知识，而是适应一个固定的社会制度。《大学》本身就说，格物致知是使人能达到诚意、正心、修身、齐家、治国的目的，从而追求儒家的最高理想——平天下。因为这样，格物致知真正的被埋没了。

我是研究科学的人，所以先让我谈谈实验在科学上的重要性。

科学发展的历史告诉我们，新的知识只能通过实地实验而得到，不是由自我检讨，或哲理的清谈就可以求到的。

实验的过程不是消极地观察，而是积极地、有计划地探索。比如，我们要知道竹子的性质，就要特别栽种竹树，以研究它生长的过程，要把叶子切下来拿到显微镜下去观察……绝不是袖手旁观就可以得到知识的。

实验的过程不是毫无选择地测量，它需要有小心具体的计划。特别重要的，是要有一个适当的目标，以作为整个探索过程的向导。至于这个目标怎样选定，就要靠实验者的判断力和灵感。一个成功的实验需要有眼光、勇气和毅力。

由此我们可以了解，为什么基本知识上的突破是不常有的事情；我们也可以了解，为什么在历史上学术的进展只靠很少数的人关键性的发现。

中国学生大都偏向于理论而轻视实验，偏向抽象的思维而不愿动手，中国学生往往念功课成绩很好，考试都得近一百分，但是面临着需要出主意的研究工作时，就常常不知所措了。

在这方面，我有个人的经验为证。我是受传统教育长大的。到美国进大学学物理的时候，起先以为只要很"用功"，什么都遵照教师的指导，就可以一帆风顺了，但是事实并非如此。一开始做研究便马上发现不能光靠教师，需要自己做主张、出主意。当时因为事先没有准备，不知吃了多少苦，最使我彷徨恐慌的，是当时的唯一办法，以埋头读书应付一切——对于实际的需要毫无帮助。

我觉得真正的格物致知的精神，不但在研究学术中不可缺少，而且在应付今天的世界环境中也不可少。在今天一般的教育里，我们需要培养实验的精神。就是说，不管研究科学、研究人文学，或者在个人行动上，我们都要保留一个怀疑求真的态度，要靠实践来发现事物的真相。现在世界和社会的环境变化得很快，世界上不同文化的交流也越来越密切，我们不能盲目地接受过去认为的真理，也不能等待"学术权威"的指示，我们要自己有判断力。在环境激变的今天，我们应该重新体会到几千年前经书里说的格物致知的真正意义。这意义有两方面：第一，寻求真理的唯一途径是对事物客观的探索；第二，探索的过程不是消极的袖手旁观，而是有想象力、有计划的探索。希望我们这一代对于格物和致知有新的认识和实用，使得实验精神真正地变成中国文化的一部分。

丁肇中的一席话让所有的人都学到了重要的一课，无论是在教育孩子上面，还是在自我工作上面都有重要的启示；无论是科学还是生活，都是一种不断创新的过程，其中包含了对传统的挑战，即对旧的知识领域和某种常规体系的突破，也包含了一些新的开始。传统的并不一定是不好的，但至少在很多时候是不能适应时代发展的，要想获得真正意义上的成功，就应像丁肇中所说的那样："应有真正的格物致知的精神！"

②

要有怀疑精神

丁肇中在一次与科学工作者交流的时候曾谈了怀疑精神与自我判断能力对于科学工作者的重要性。他对科学工作者说：

首先要明白一个先后、侧重点的问题，那就是实验和理论到底哪个重要。按照我曾经经历过的选择，我认为自然科学一般来说都是实验在前，而理论在后。按照一般的来说，物理学、化学、生物学、天文学等大多数自然科学，除数学以外都是实验科学。因此，对这些学科的研究，都应该实验在前，而理论在后。

为什么要这么说呢？

原因很简单，我们都知道，所有的自然科学，最主要的目的是解释自然现象，所以理论是次要的，实验是主要的。受到中国传统文化的影响，中国人在学术问题上一直都注重理论方面的研究，而轻视实际的"动手能力"，甚至由此及彼，在科学研究上，也都认为理论是最重要的，实验是次要的。其实这种观点是错误的，对于科学研究也是非常不利的。我的导师乌伦贝克教授曾经就这个问题发表了自己的看法，他说："一个人无论在哪个岗位上都能创造价值，可是这些价值有大小之分。在我的观念看来，一个普通的实验就很有用，而一个普通的理论物理工作者就不是非常有用。你要明白这样一个事实，在理论物理领域内，只有极少数理论家才是重要的。但是做实验和这个不一样，只要你做出来了一点什么，哪怕是一点点的成就，都是必不可少的。"

事实证明，乌伦贝克教授的话是对的，就以发现"J"粒子来说，在当时的理论中，世界物质的基本粒子均由3种夸克组成，当时我就在怀疑，为什么只有3种夸克？

于是我决心寻找新的夸克，这种决定几乎是在一瞬间的时间里决定的。

......

这种实验是不是和很多知名科学家、学者所说的那样是一种浪费时间、浪费人力物力的行为呢？从实验的结果来看，并不是，原因很简单，我们找到了新的重粒子——"J"粒子，并且这个新粒子呈现出了意想不到的性质：

首先就是非常重，比所有已经发现的粒子都来得重；还有一点就是生命周期很长，不像那些粒子一样，都是"短命鬼"，"J"粒子比其他粒子的生命周期要长1000倍以上。这些特殊的性质也就显示了新的物质的存在——来自新的夸克。这也就表明，物理学中的"只有3种夸克"这个理论是错误的，也就是说那些相信这个基本理论的科学家都是错误的。从一开始就错了，那么结果能是对的吗？

自然界中再好的理论都要经过科学实验来检验，实验可以推翻理论，而理论确实无法推翻实验。比如说牛顿发现了牛顿第三定律几百年之后，爱因斯坦通过实验发现，牛顿力学到了速度很高的时候，就需要改进。到了20世纪20年代以后，海森堡、狄拉克等人发现，当物体很小的时候，相对论也需要进行改进……这种科学事实还有很多很多，那么这么多的科学事实说明了一个什么问题呢？科学研究的对象随着时间的变化而变化，实验也是随着时间的变化而变化，但总之有一点，实验是最主要的，理论是次要的。在实验里面，凭自己的判断去选择实验是最重要的，而根据别人的想法去实验是次要的！

③

科学发展模式

在长期的科学发展中，人们总结出一种科研的重要方法：问题—假设—验证。发现问题并且提出问题并不是一件难事，难就难在怎么样来解决这个问题，因此人们想到了假设，这和做数学题是一样的，发现问题的时候，先假设，然后再通过实验来验证这个假设，如果结果成立，那么假设也就是正确的。

其实科学研究也一样，也需要假设，那就是科学假设。科学假设是科学发展中一个重要环节和思维形式，是人的认识从已知向未知过渡的桥梁，也是一种重要方法。假设如果通过实验的验证，就可以立刻上升到理论的高度，然后用这个理论再来验证其他的假设……这是一个循环过程，正是这个循环过程，有力地推动着自然科学向前发展。

我们都知道，物理学本质上是一门实验科学，从事理论研究的工作者不能脱离实验，要善于抓实验中所提出的问题，大胆设想，认真论证。同样，实验物理学者也是如此！在1975年11月，美国麻省理工学院4位研究生曾经问过丁肇中一个问题，这个问题是这样的："就您的经验来说，'大胆假设，小心求证'是不是一个适合于实验研究工作的原则？"

丁肇中当时回答说："若你把它的意思放松一点，做如下的解释，答案是肯定的。大胆带有革新的意思，我把'大胆'解释成不墨守成规，但不是故意去标新立异。大胆假设，我解释为敢于破除成见的束缚；小心求证，我解释为不发表未成熟的结论。"

可见，作为一个实验物理学家，在寻找胶子的实验中，就是首先假设胶子是存在的，并且得出一个结论：如果胶子是存在的，那么就会出现三喷注现象。按照这个思维，丁肇中等科学家进行了一系列的实验。

在发现胶子以前，物理学的基本理论中，光子是原子间作用力的传递者，而胶子则是夸克之间作用力的传递者。1979年，以麻省理工学院为主，由丁肇中率领的研究组在（联邦）德国汉堡电子加速器研究中心的对撞机上进行实验。在实验中，他们发现了一些特殊的现象，发现有3个粒子的族射的事例。这样的事例只能以胶子的存在来解释，这个发现并非此次实验的原始目标，但是由于他们有了充分的准备，并没有遗漏掉这个意料之外的现象，因而证实了胶子的存在。

整个过程就是一个"问题—假设—验证"的过程，特别是在验证过程中一定要小心、小心再小心。正如华罗庚所说的那样，"科学是实事求是的学问，来不得半点虚假"，在科学实验中，最重要的就是要对可能出现的问题做到心中有数，并且对实验结果的处理和发表也要做到十分谨慎，来不得半点马虎。原因很简单：在物理学界犯上一两次错误之后，就再也没有人会相信你了！

当然，科学研究中的每一个环节都要做到一丝不苟，要不然科学就不会有一丁点的发展。其实，很早以前，人们就对科学发展的模式产生了注意。比如说，19世纪普鲁士军队外科医生、伟大的生理学家和物理学家亥姆霍兹就描述过创造性的科学发现或发明，并将其称为3个阶段：饱和（用问题来饱和头脑）、孕育（等待解决方案在头脑中孕育）、阐明（看到有用的创造性思想在某个奇特的时刻突然出现）；法国数学家庞加莱也提到科学发现的过程，不过，他加上了第四个阶段——验证（检验想法是否真正有效）。庞加莱认为验证这个阶段尽管很不明显，但很重要。

另外，科学发展的模式，也曾经是科学和科学哲学探讨中的一个重大理论问题。一个成功的科学发展模式，能从本质上深入揭示科学发展的规律性。1967年，英国著名的科学哲学家波普尔在《没有认识主体的认识论》一文中，将科学知识增长的模式表述为"四段图式"，即"以猜测和反驳为手段来解决问题的一般模式"：$P_1 \rightarrow TT \rightarrow EE \rightarrow P_2$。其中"$P_1$"表示问题（problem），"TT"表示试探性理论（tentative theory），"EE"表示批判性检验、排除错误（elimination of error），"P_2"表示新的问题（problem）。

根据这一科学发展模式，科学家从某个问题P_1出发，提出一个尝试的理论TT，它可能（在部分或整体上）是错误的；无论如何它都必须经受消除错误的阶段EE，这可由实验检验或批判讨论组成，其结果通常会凸现出新问题P_2；新问题P_2较之旧问题P_1，往往有更深的深度；最好的试探性理论能引发深刻和最意外的新问题的理论。

总之，无论是哪种模式，无论用哪种方式表达出来，无外乎"问题—假设—验证"这3个阶段，只要很好地完成这3个阶段，科学发展就有希望。

4

四点经验

世界上有两种实验工作者，一种听理论家的话，理论家综合许多实验结果及其学说，推陈出新而有了新的猜测，由实验家去求证。另一种却凭自己的判断去选择实验。丁肇中属于后者，一向争取去做自己认为重要的实验，丁肇中觉得一个真正的研究工作者应能直觉地知道各种研究问题的相对重要性。

因此，可以这么理解：丁肇中所从事的实验的主要目的是实现自己的判断，而不是证明已有的理论。这是科学实验家的一种积极作用，因为他本身能将理论研究和科学实验手段统一起来。理论研究和科学实验方法的统一，是现代实验科学家的主要特征。

一个实验者可以综合各种科学资料，不经理论家做详细的计算（有时常因资料不完全，算也无从算起）而做出某一种猜测，这种能力当然不是与生俱来的，而是在累积经验中培养出来的。这也是独特的科研方法之一，在很多实验中，丁肇中就用了这样的方法。当然，这种方法是一般物理学家难以做到的，需要有雄厚的理论基础和高超的实验技术。这种能力是在长期的科学研究实践中形成的。

当然，这并不是说理论完全没有用处，对于实验物理学家来说，理论物理学家也相当重要，丁肇中常常和理论物理学家们讨论切磋，他认为这样的讨论比埋头读上1000篇论文有用得多。不过相比较理论研究和实验研究来说，寻找事实比纯粹的理论探讨更为重要。物理的基础在事实，我们不能凭自己的好恶随意大胆假设，必须先有了实验需求的事实，才能基于它们建立理论假设。因为纯粹的理论假设往往会与客观事实相背离。因此丁肇中很不赞成那些只知道理论而不做实验的物理学家。有些高能物理学家整天说这说那，一心只想发表论文，结果全是错的，这绝不是研究科学应有的态度。

当然，理论物理学家对实验物理学家提出的问题采取怀疑的态度也是必要的，而且是一种健康的态度。不随波逐流对物理学这门学科的发展是极端重要的。当然，反过来更为重要一些：实验物理学家绝对不能被理论物理学家吓倒。

作为一个科学家，最重要的是不断探寻教科书之外的事，对该学科有更深一层的理解，否则，就找不出矛盾，也就永远无法走在最前面，永远跟在别人后面。轻视实验，只偏重理论，也不会有什么重大突破。只有把动脑、动手结合起来，才能使自己新的假想通过实验的方法得到解释，从而在科学竞争中获胜。

自然科学的进展是多数服从少数，所以一个科学家能够取得成绩，一定经受过很多人反对。丁肇中所做的实验，每一个实验都受到过阻力，不单是美国人反对，全世界的人都反对。不能因为别人反对就不做。要明白，为什么人们反对呢？因为人的观念要通过推翻以前的知识，才能前进。所以要做新的东西，一定会有挫折。

因此，作为一个实验物理学家，理论很重要，但是实验更重要。

第十二章

QINGXIZHONGHUA

情系中华

1

重视基础研究

丁肇中在中国科学院和科学家交流的时候，曾深入地谈到了基础研究的问题。他谈了以下观点：

技术的发展生根于基础研究之中。

像一个金字塔一样，基础研究一方面去探索大尺度的目标，包括行星、星球、银河系等；另一方面，去探索微观世界，发现物质更小的构成单元，即原子、原子核、质子、中子、夸克等。

它扩大金字塔的基础，同时为新技术提供原理。

由经典物理带来了蒸汽机、照相机、电子工程、收音机、电视、飞机等。

原子物理和量子物理催生了新材料，如应用半导体和超导体制成的晶体管、霓虹灯、激光、计算机等。

原子核物理催生了同位素技术在医学方面的应用和核能的应用。

人们注意到，金字塔由于新的应用在不断地增高，同时基础研究不断地拓宽它的底部。丁肇中认为，今后金字塔没有任何理由不会继续扩大和增高。

从发现一个新的现象到市场化大约需要20~40年，对政治家和实业家来说，这样一段时间太长了。

但是研究工作不是一帆风顺的，当深入未知领域时，很难做出预言，错误是成功的一部分。

如果你要求物理学家，即使是21世纪最伟大的物理学家，对一个新发现的实际应用做出预测，你可以听到如下回答：

开尔文勋爵在1880年说："X射线是一个骗局。"

著名物理学家卢瑟福在1930年说："用打碎原子的办法产生能量是希望十分渺茫的事情，任何人期望从原子核的嬗变获取能量是荒唐的臆想。"

100年前，X射线刚刚发现的时候，一位很著名的科学家就宣称这项发现不但没有什么现实的功用，还是伪造的。他没有想到后来X射线能为人类健康做出巨大的贡献。

20世纪30年代，电视机刚刚发明的时候，同样有一位科学家认为没有商业上的价值；还有原子能刚被人们发现时，一些人说，原子能将来永远不会对人类产生价值。现在呢？其作用大得不可估量。

因此，基础研究需要充分的自由空间和长期的展望。

许多人认为，如果一个国家想要在技术和经济方面具有竞争力，就必须集中于以立即有市场效应的实用性技术的发展，并使经济持续发展。

如果一个社会将自己局限于技术转化，那么经过一段时间，基础研究不能发现新的知识和新的现象后，也就没有什么可以转化的了。

显然，基础研究需要的科学方面的投资在国民经济总产值中所占的比例，是一个国家致力于这方面努力的一个标志。

我们可以看到，如果没有对基础研究和教育方面的投资，发展经济是不可能持久的。

结论就是：基础研究的原始动力是人类的好奇心——学习新事物和了解自然现象。

基础研究是新技术和工业发展的原动力。因此，基础研究应该得到支持。

② 傻子和天才

2001年，丁肇中在协和医院建院80周年举行的纪念大会上曾经谈到科学的"容易"和艰辛，他非常幽默地说："第一，拿诺贝尔奖是很容易的；第二，一个天才和一个神经不正常的人中间的距离是非常短的。"

对于一个普通人来说，丁肇中确实像一个傻子，每天清晨5点多他就起床，直到深夜才就寝。虽然家在美国，但在美国、德国和瑞士都有他主持的实验工作，几乎每两个星期他就要飞越一次大西洋。因而，他把乘坐飞机的时间当作休息时间来利用。他在许多实验中，都是亲自动手。实验之前，丁肇中要同他小组的工作人员一起检查设备，从早上7点开始，对1000多台电子仪器、3台电子计算机和几千根电缆一一进行细致的检查，一直工作到第二天的早上。实验开始后，他们齐心合力，勤奋工作，在同一加速器上做实验的其他小组休息时，丁肇中就带领大家检修仪器，等加速器一开动，就能立即投入实验！

他终日耕耘，像园丁那样呕心沥血地为祖国培养出了一批又一批国际一流水平的高能物理学家，一年好几次地往中国跑，却不为名也不为利！

他为了工作舍弃了自己的家庭、舍弃了自己的生活！

可是，在同事和同行们眼中，丁肇中就是一个天才，一个真正的天才。

丁肇中通过自己的实验证明近代电磁理论是错误的，通过自己的数据维护了量子电动力学的正确性。

他还发现了"J"粒子，打破了世界物质只有3种夸克的观念，并且获得了1976年诺贝尔物理学奖。

1979年，通过自己的实验证实了胶子的存在。

1998年6月，他领导的AMS实验获得成功，AMS01顺利升空并完成预定探测任务。

……

这一切的成绩，都是丁肇中"傻子"般地工作、钻研、实验之后才获得的。在遇到困难的时候，别人能躲则躲、能避则避，可是丁肇中偏偏就有一股"傻劲"，越是遇到困难，他越要往里钻；越是别人不敢轻易去碰的实验，他越是要迎上去……

在学习的时候，丁肇中总是提一些看似荒唐的问题，因此经常被人看成是傻子，可是当老师被他的问题问倒的时候，他又被认为是天才。

在谈到做寻找"J"粒子的实验时他风趣地说："这个实验比较困难，当时所有的人都认为只有3种夸克，因为3种夸克可以解释所有的现象。所以，这个实验被费米国立实验室和欧洲核子中心拒绝了，所有的加速器实验室都不愿意做这个实验，认为这是不可能的。在我做寻找新粒子的实验尚未成功时，人们都说我是傻子，因为成功的可能性极小，但当我找到'J'粒子的时候，人们又说我是天才——其实，傻子与天才之间只有一步之遥。这就表明，以前说只有3种夸克的观念是错的，有了第四种，那可能就有第五种、第六种，把以往的观念改变了。我们要永远对自己充满信心，做自己认为是正确的事；同时，要对意料之外的现象有充分的准备。总之，要实现你的目标，最重要的是要有好奇心，不断地追求，再加勤奋地工作。"

在世界科技的发展史上，很多天才曾经被认为是傻子，甚至遭到了前所未有的打击。

东汉时期的张衡，发明了世界上第一架天文仪器——浑天仪，比欧洲早1700多年，却被统治者们肆意攻击为"屠龙之技"；

30岁就提出了关于热的本质的新认识的罗蒙诺索夫，得到的是俄国科学院一群坚持"燃素说"的权威们的嘲笑和压制；

突破了具有2000多年历史的欧几里得几何学所规定的空间概念，最早建立崭新的"非欧几何学"的两个小人物鲍耶和罗巴切夫斯基，分别在匈牙利和俄国遭到了反对和压制，连论文也难以发表；

世人皆知的门捷列夫，在建立元素周期表的顽强探索中，他的关于"亚铝""类硅"的天才预见，却被当时的权威们攻击为"痴人说梦"和"研究鬼怪"；

法国青年数学家伽罗华关于群论的论文最早问世的时候，审稿的权威们根本看不懂，3次递上去皆不予理睬。对此，伽罗华气愤地说："这班人简直落后了100年！"

当发明电话的贝尔，天才地提出要用电流强度的变化来传输语言的设想时，电学界的人士却讥讽地让他"多读两本《电学入门》，以便打消这种狂想"；

……

对此，丁肇中有着自己的想法和理解：科学就其本质而言，总是带有革新的、反传统的性质。从这个意义上讲，发明创造是一场无形的拼搏。有的人说是傻子干的事情，有的人则说是天才的杰作。

3

四分之一观点

丁肇中来中国讲学的时候，甚至在国外给华人讲学的时候，经常提到一个词汇"四分之一"，可能刚开始，听众不明白丁肇中经常提到这个词汇是什么意思，但慢慢地就会明白，这个词汇不仅仅是一个词汇，里面还包含着一颗爱国的心、一个期望、一个等待……

中国人口占世界人口的四分之一，可是中国对人类科技的贡献的比例，远远少于四分之一。但这只是暂时的现象，丁肇中相信，在不远的将来，中国的科技肯定能达到理想的状态。

公元11世纪至12世纪，开启世界新技术之门的钥匙曾经掌握在中国人的手里。那个时候，中国一直是世界上四个伟大文明中心之一，而且在这一期间的大部分时间中，它还是一个政治和技术都最为发达的中心。

当中国人的造纸、印刷术得以广泛传播时，欧洲人还在用羊皮抄写《圣经》；当中国人制造出火药时，欧洲的骑士还像唐·吉诃德一样挥动着盾牌和长矛。直到今天，西方人还在惊叹：在科技领域，古代的中国人创造了100个"第一"！

从17世纪中叶以后，中国内无商品经济的发展动力，外无新的科学思想和先进技术的刺激，科技事业如江河日下，濒临绝境。从公元前6世纪一直到公元1500年，在世界的重大科技成果中，中国所占比例一直在一半以上，此后直线下降，到19世纪只占0.4%。

其实，丁肇中明白，导致中国科技后退的真正原因并不是战争，而是中国落后的教育观念和封建社会的封建体制以及落后的思想。他说："这其中的一个重要原因是中国人的观念，是中国的传统教育，它只顾考试，不重视研究自然科学，不太注重实验。那些认为是由于贫穷、科学实验设备不好的观点都是站不住脚的。"

对于丁肇中的解释，有一些对比是可以说明问题的。比如说17世纪60年代，明永历帝被杀后4年，牛顿发现了地心引力；18世纪六七十年代，清乾隆开四库全书馆，瓦特发明了蒸汽机；19世纪40年代，中英鸦片战争开始时，美国正庆祝电报发明成功；19世纪六七十年代，太平天国运动失败，美国的电话发明成功；19世纪90年代，中国在甲午海战中失败，马可尼发明了无线电……

这些触目惊心的对比道出中国科技落后的真正原因。

对此，很多学者专家断言，中国再也不可能回到科技的前沿，中国的科学家绝对不会站在诺贝尔奖的奖台上，对此，丁肇中表示否认。他说："有许多人看到中国非常落后、非常贫穷，就认为中国的科技是没有希望的，这是一个很大的错误！"

20世纪80年代，中国的改革开放和"科学技术是第一生产力"的论断，使中国人意识到科技的重要性，也激发起了中国人勇于争夺科技"四分之一"地位的雄心。

杨振宁曾经指出：21世纪的中国科技前景，是中国要想追到世界第一线，这不是一件容易的事情；可是他对以后50年、100年中国科技的发展前途是非常乐观的，中国将成为一个世界级的科技强国。

不过，中国要成为科技大国还需要一些条件：第一，必须培养出无数可造就的人才；第二，必须有好的文化传统，而中国文化就蕴涵一种自力更生的精神；第三，中国的改革开放必须向纵深发展，使得全中国人民都意识到科技的重要性；第四，要有足够的经济能力。最后一点，丁肇中非常有信心，因为改革开放以来，中国经济，特别是沿海城市的经济得到了长足的发展。当然，这4个条件是相辅相成的，缺少其中的任何一个都不行。

丁肇中虽然明白这些，可是他唯一能做的就是帮助中国培养出有用的人才。等将来有一天，中国科技需要他们的时候，他们能将中国的科技带到世界的前沿。同时，让丁肇中觉得非常欣慰的一件事就是中国目前比以往任何时侯都注重对科学事业的支持，已经成功地建立了现代科学体系，并开始加入世界前沿科学研究竞争的行列。其中一些基础研究领域，如高能物理、基因工程等已经达到国际先进水平。这就意味着中国成为世界科学中心的日子即将到来。

纵观世界历史的潮流，科学中心并不是固定在某个或者某几个国家的，它呈现出一种流动的趋势。比如说在16世纪，意大利发生了科学文化复兴运动，哥白尼以"太阳中心说"叩开了近代自然科学的大门，紧接着伽利略以一系列物理定律成为近代科学的奠基人……这表明，意大利在那个时候已经成为世界科学的中心，非常可惜的是，教廷用高压专制囚禁了伽利略，一把火烧死了布鲁诺，使意大利那"世界科学中心"的光环如昙花一现，甚至没有度过16世纪便走向衰落了。

此时，英国抓住了这个机会，1662年，自然科学家的摇篮——英国皇家学会诞生；1666年，世界自然科学一颗巨星——牛顿在英国出现。此后，波义耳、哈雷、胡克以及一大批优秀科学家将英国的科学水平提高到全世界的顶峰。从1660年至1730年，英国科学成果占全世界40%以上，世界科学中心的英国一片欣欣向荣。

随后英国的产业革命在科学革命的助推下开始了。这次以蒸汽机为代表的科技革命和产业革命的结合，使大不列颠帝国雄踞世界霸主地位达一个多世纪之久。

19世纪上半叶的法国、下半叶的德国，都以科学成果接近全世界科学成果的半数而曾经成为世界科学的中心。

当然，这些科学技术的发展也伴随着战争和动乱，无论是哪个地方的动乱和大战都成就了美国。20世纪，一批又一批的科学家流亡到美国，使其称霸全球的"曼哈顿计划""阿波罗计划"得以实施。可以说，几乎全世界的科学家都在美国获得成就，同时也成就着美国。在诺贝尔奖领奖台上，美国科学家占了多数，但是有一点值得注意的是，他们只是"美籍科学家"。可正是这些"美籍科学家"彻底改变了美国，也彻底改变了世界科学的图景，使美国的科学技术达到了巅峰状态。

中国也完全有可能成为下一个世界科学中心。丁肇中在很多场合都非常有信心地说："占世界人口四分之一的中国，对世界科学技术的贡献必将能达到四分之一的水平。"不过丁肇中也在不同的场合提出了一些中肯的看法。他认为，政府支持科学是中国的希望所在。"政府对于科学研究不仅要提供经费，还要体现对科学和科学家的尊重和支持。中国科技现在取得的成绩除以中国人口，和发达国家相比还有很大的差距。但我相信，在21世纪，中国人在科学上会有许多重要的贡献。"

但是，有很多外国人并不赞同丁肇中的看法，他们曾用诺贝尔奖向丁肇中说明了中国科技的情况，他们说："诺贝尔奖从设立迄今已有700多人获奖。在6位华裔获奖者中，只有李政道和杨振宁在获奖时还是中国国籍，但他们都不在国内工作。因而有人预言，中国要想在10年或者20年内拿诺贝尔奖是没有希望的。"

对此言论，丁肇中坚决反对，他说："这是不对的，这绝对不对。因为诺贝尔的遗嘱里说得很清楚，拿诺贝尔奖是不分国籍的，要奖给世界上最优秀的科学家。中国是科学文化上有光荣历史的国家，几千年来做出了重大贡献。中国人的才能、智慧，不在任何国家的人之下，中国人要对自己的民族、国家充满信心，不要看不起中国人！中国是一个具有悠久历史和有过影响深远的科学发现的国家。我相信，随着对科学事业的不断鼓励和支持，在未来的年代里，中国必将会对科学做出许多十分重大的贡献。"

这就是丁肇中的"四分之一"观："占世界人口四分之一的中国，对世界科学的贡献必将能达到四分之一的水平"！

第十二章

真理至上

① 坚持真科学

丁肇中坚持真科学的第一个思想是反对伪科学。

随着经济的进一步发展，20世纪八九十年代，中国出现了伪科学的现象，这些伪科学经常打着科学的幌子甚嚣尘上。而那些伪科学的卫士们想方设法利用种种渠道（包括媒体），来鼓噪所谓的"神功异能"、炒作"奇人大师"、哄抬"超级发明"，并出现了"水变油""丘氏鼠药""法轮功"等闹剧。

在伪科学盛行期间，每当科学家发表见解以正视听，甚至仅仅写一篇文章有所涉及时，就会遭到谩骂和围攻。这种围攻不仅仅是文字上的围攻，有些地方甚至出现了肢体上的冲突。出于各种各样的原因，很多人都采取了明哲保身之策，以免惹火烧身。因此，在那一段时期，科学的声音是很微弱的。

对此，丁肇中感到非常担忧，他从一个实验物理学家的角度，看到了伪科学带给社会、科研事业的危害，他在很多公开场合对此现象发表了自己的看法：要坚持真科学，反对伪科学。

和丁肇中一样，看到伪科学带给社会生活和科学研究事业的危害的还有很多知名学者，比如说何祚庥、周光召、朱光亚、于光远、潘家铮、王大珩等院士和资深学者，他们挺身而出，对这种伪科学进行了披露，呼吁大家抵抗伪科学的入侵，为科学正言。他们认为，科学家"清理门户"、反对伪科学是他们义不容辞的责任。他们发表文章、作学术报告，剖析伪科学的成因，揭露伪科学的迷信本质。

特别是何祚庥院士，更是被称为"反伪斗士"，他曾撰文公开呼吁："专家、学者，特别是院士、老科学家要带头讲科技知识，抵制伪科学。"一时间，我国各大报刊，如《中国青年》《北京青年》《工人日报》《北京日报》《南方周末》等，先后在显著位置刊登了我国科技界揭露伪科学、伪气功等弄虚作假的文章，其中文章《迟到的报道——"奇人"张宝胜败走麦城实录》获得了"最高"的"转载率"，不论美国、欧洲的国家，还是中国香港和台湾地区的大大小小的报纸，纷纷以全文或以摘要转载这篇文章。

通过各个媒体，中国的"反伪科学"运动轰轰烈烈地展开了，但是丁肇中明白，反伪科学并不仅仅是一个运动就能实现的，关键还得靠人民自身的醒悟和判断。揭露伪科学、伪气功，比研究高能物理还要来得困难，同样，也要来得更加重要。高能物理的研究，只是物理学研究中某一局部领域内的事情，而揭露伪科学、伪气功却涉及整个科技发展的全局。

丁肇中之所以能想到这些，是因为这些伪科学、伪气功波及范围已经很广了，甚至是丁肇中自己，也曾经被有关方面邀请去观看张宝胜展示"人体特异功能"的表演，那是在张宝胜等气功"大师"最红的时候，虽然当时他没有看出其中的破绽，但一直对此持怀疑的态度。

因此当他看到何祚庥院士等科学家、学者的"反伪"文章时，他深深地被他们的勇气、智慧感动，要知道，在当时，几乎没有人敢为科学正言、敢对伪科学说一个"不"字。可是当何祚庥院士等学者开始为科学正言的同时，一些人对何祚庥院士等颇有微辞，说他们"不务正业""江郎才尽"，认为科学院士反伪科学似乎属于"旁门左道"，一时间，关于"科学"和"伪科学"的争论激烈爆发了。对此，丁肇中觉得这是科技界的一件大事，需要很好地处理。

1995年8月5日至9日，丁肇中出席了在汕头大学举行的第一届"国际华人物理大会"。

会议期间，丁肇中见到了何祚庥院士，双方进行了非常友好的交谈，在谈到"反伪科学"的话题时，丁肇中态度鲜明地表示支持反伪科学，支持何祚庥院士的反伪科学行动。他显得很激动，三次称赞何祚庥院士发表了反伪科学的文章，并特别向海外科学家们介绍说："何祚庥先生做了一件有意义的事情，这比研究高能物理重要得多——高能物理研究的是局部问题，反对伪科学涉及科学技术发展，关系到提高民族素质的问题。"

确实如丁肇中所说，伪科学带给人们的伤害远比无知带给人们的伤害要来得更加毒辣、更加猛烈，如果伪科学得不到根除，那么中国的美好未来说不定会被抹上一笔黑，那么再多的科学研究、再多的高能物理发现也是徒劳！除了"行政干预"之外，权威学者清理伪科学或支持清理伪科学，具有说服力，更能在公众中造成影响。这样，科学精神之树才能深深地植入公众的土壤中，中国的社会主义现代化建设才能更加快速地前进！

丁肇中坚持真科学的另一个思想是科学上谁正确服从谁。

有个著名的科学家曾经说过："在科学界，没有什么规则可循，如果有，那只有一条——谁正确就服从谁。"丁肇中非常赞同这个观点，对此他还补充说，特别是在跨国合作的科研项目中，更能体现这个规则。

在丁肇中领导的AMS这项旨在探测宇宙中究竟有没有反物质世界存在的国际合作研究计划实验中，就有全世界共16个国家和地区的22所大学、科研机构加盟其中，每次开会，来自世界各地的众多科学家们汇聚到一起，既没有开场白，也没有客套话，大家都习惯于坐下来就交流具体的技术问题。每个发言的人事先必须做充分的准备，数据必须准确，必须把每个技术细节都考虑周密，要求非常严格，会议也因此而变得井然有序。

对此，丁肇中有着自己的看法和解释，他说："这样大的一个国际合作项目，参加的国家、单位和科学家这么多文化背景、作风习惯等都不同，必须有严格的制度、规定和要求。譬如，我通常很注意科学家每次发言，与上一次或前一次，有什么地方矛盾了，尤其是数据，如果前后不一致，一定要讲清楚为什么这次的数据与上次不一样。你一定要把真实情况说清楚，不能隐瞒，不能欺骗。所以，每个人在发言时，都要注意自己上次是怎么说的，如果他没有记住，我会记住他上次说的数据是什么。如果这次不一样了，我就会立即提出来问他，他必须回答清楚。"

因此，在同事和下属眼中，丁肇中是一个相当严肃的人，特别是工作、讨论时间，根本不允许别人做一丁点儿和实验无关的事情。因此，有时你会看到丁肇中对某一位科学家批评很严厉，几乎不留什么情面，不管他是哪一个国家的，地位有多高。丁肇中说："我不这么做不行。这样大的国际合作项目，会遇到各种复杂的问题，不能允许相互推诿、相互扯皮。所以，我们既要讨论、交流，又要决断决行。在科学上，谁正确，就得服从谁。"

据丁肇中的同事介绍，有一次，开会讨论工作，一位教授在下面小声和人讲了几句话，丁肇中发现后，走过来不客气地对那位教授说："请你出去！到外面讲话去！"于是，那位教授便到房子外面蹲着去了。过了一会儿，丁肇中出来对他说："请你还是进来吧！我们需要你的智慧。"

其实，类似这样的事情还是挺多的。

有一次，在研制AMS01永磁体的时候，丁肇中发现由5000多个磁铁拼凑起来的磁体中，有2个磁块之间的距离有点差错，他把负责工程指挥的董增仁教授狠狠地训了一通，一点情面都不留。

对此，丁肇中解释说："对我来说只有第一，没有第二，第二就意味着最末。"这就是丁肇中对实验的态度，也是要求自己的实验组成员所应有的对待实验的态度，在这里面，没有尊卑长幼，只有真理，谁是正确的就服从谁的！

从进入实验物理研究领域开始，丁肇中就深深地明白了这个道理。丁肇中还记得自己刚刚进行高能物理实验的时候，对于那些科研专家学者来说，他是一个学生，甚至可以说是一个新手，但是，丁肇中没有因为这个原因而放弃努力。在丁肇中所经历的20世纪的高能物理学中，他正是靠着自己实验的正确性而在物理学界确立了自己的地位。

②

科学家的非智力因素

作为一个现代科学家，要想得到成功，必须有坚实的专业基础、丰富的学科知识、敏锐的观察力、高度的概括力、恰当的判断力、准确的推理能力和良好的记忆能力。但是拥有了这些智力因素并不表示就能成功，对此，丁肇中有着自己的看法，他认为一个现代科学家的智力因素固然需要，但还需要一些非智力因素，甚至这些非智力因素也是举足轻重的。

那么在丁肇中的眼中，到底哪些非智力的因素是不可或缺的呢？

首先就是科学家必须对自己所研究的项目感兴趣。就此问题，他在回答记者提问的时候曾经说道："科学研究是一种永远的、不竭不尽的知识探索。要从事科学研究，首先要建立科学兴趣，再加上穷追不舍的好奇心。研究自然科学最重要的一条就是研究者对研究对象有兴趣。兴趣是最大的动力。有了兴趣，觉得我非做这件事情不可，认定这是自己一辈子最重要的事，为了做好这件事，其余的东西都可以放在次要的位置。唯有如此，做科学技术研究才会有所成就。一个科学家，一定要有乐此不疲的探索自然奥秘的好奇心，最重要的是不断探索教科书之外的事物。科学研究成功与否，还看研究者的生活与研究工作是否融为一体。"

丁肇中说这话是有根据的，从中学开始，他就发现自己非常喜欢物理学，即便是那些在别人看来很枯燥复杂的公式，在他的眼中都会变成非常有趣的东西，因此，他从一开始就选定了物理学作为自己终生所从事的事业。即便中途出现一些意外，丁肇中最终还是回到了自己最感兴趣的学科上，并且有了出色的表现。

20世纪70年代末，丁肇中在接受记者采访时说："做物理实验是我生活中最大的乐趣，因为我对实验有兴趣，换句话说，做实验已经成为我的一种生活方式。科学研究与体育比赛不一样，体育比赛可以把争夺金牌作为目标，但科学家不能把获得诺贝尔奖作为唯一的目标。假如你不能视科学为生命中最重要的事情，千万不要加入科学研究的行列，免得招致痛苦。"

从丁肇中的话中，我们可以明白一个道理，兴趣是最大的老师，可以帮助我们完成很多事情，只有解决了问题，才有新的发现，也才能为人类做出新的贡献。

同样，科学家坚强的意志和克服困难的勇气也是来自对科学的浓厚兴趣。丁肇中曾经和同事说过："科学活动是探索性很强的智力活动，不能依靠侥幸和机遇取得成功。没有坚强的意志和克服困难的勇气，是绝不可能成为一个有贡献、有作为的科技工作者的。"著名的物理学家、化学家，两次获得诺贝尔奖的居里夫人说："我们把人生变成一个科学梦，然后用孜孜不倦的学习和艰苦卓绝的探求，来把这个梦变成现实。"无论以哪种方式表达，总之一个意思：兴趣是最大的动力！

除了兴趣之外，第二个重要的非智力因素就是好奇心！

丁肇中认为，要想取得成功，除了兴趣之外，还需要永无止境的好奇心。好奇是人的本能，对于科学家而言，永无止境的好奇心是必须具备的基本素质。

对于科学家的好奇心，很多同行中人都有相同的感受：

著名物理学家、1963年诺贝尔物理学奖获得者尤金·P.维格纳认为："即使是愚蠢的人也常常可以成为优秀的科学家。不管一个善于接受的头脑会是怎样的奇妙，它在科学中并不起关键的作用。思维的速度也是如此，坚持你的探索并且富有成效地投入进去，这就是成为一位一流科学家所需要的。好奇心、勤奋和抱负这些品质比想象力要重要得多。"

贝弗里奇在《科学研究的艺术》一书中写道："也许，对于研究人员来说，最基本的两个品格是对科学的热爱和难以满足的好奇心。一般来说，科学研究爱好者比常人保有更多好奇的本能。"

爱因斯坦曾经写道："我有时自问，怎么偏偏是我创立了相对论呢？我认为其原因如下：一个正常的成年人不见得会去思考空间和时间问题，他会认为这个问题早在孩童时代就搞清楚了。我则正相反，智力发展得很慢，成年以后才开始思考空间和时间问题。很显然，我对这些问题比儿童时期发育正常的人想得更深。"爱因斯坦并不早慧，晚思而更深，促使他思索的正是强烈的好奇心。

李政道曾经告诫青年说："要有好奇心，好奇才能敢问，不要怕问错。如果在中学、大学时还没有在一些基本概念上提出疑问，比如说，为什么要学习牛顿力学，为什么它不可能是不对的，等等，将来就不会再问了，要创造新东西就不容易了……爱因斯坦的那三篇论文就是问了几个前人没有问过的问题，并且自己做了回答……从而奠定了物理学3个方面的基础。"

由此可见，丁肇中的观点是正确的，一个科学家，对自己所研究的项目的好奇心也是必须的，缺少好奇心，也就缺少了探索真相的力量，那么也就缺少了发现的机会！

在丁肇中的演讲中，你会经常听到一个词，那就是"竞争"，特别是在给青年学生的演讲中，丁肇中更是频繁地使用这个词，原因很简单，丁肇中认为一个优秀的科学家必须懂得竞争的真正含义，并且他也倡导在科研过程中进行竞争。他说："在科学研究的领导上，竞争非常激烈，第一位能够造出结果来的，就是发现者，其后的都只能配称证实者而已。""竞争出人才，竞争出成果"，这是丁肇中在科学研究实践中的一条宝贵经验。

关于竞争，丁肇中有自己的看法。他认为：竞争就意味着尽最大的努力，用最快的速度和最好的质量超过别人。只有竞争，大家才能努力向上，既突出了先进，又使落后的坐不住，奋起直追。对于学生而言，竞争可使学生开动脑筋想办法，创造性地解决困难问题，时刻保持着旺盛的斗志。竞争不是鬼鬼祟祟、勾心斗角，而通过竞争鞭策自己赶超别人。竞争是一种动力，它不允许存在妒忌。科学中的竞争有时是有形的，有时是无形的，总之，它是存在的。

当然，科研领域的竞争是一种理想的竞争，和普通人脑子中的竞争并不相同，在那里，没有名利、没有欲望，唯一的目标就是为人类做贡献。因此，丁肇中所倡导的竞争主要采取两种形式：一是争夺科学发现的优先权，即科学家对科学发现的所有权，在技术创新方面则是争取技术发明的专利权；二是争取科学成果的高质量。

在丁肇中的研究生涯中，就曾经经历了很多次竞争。例如在发现"J"粒子的过程中，丁肇中与里克特竞争，他的实验组比里克特实验组较早地发现了新粒子；他领导的马克·杰实验组在进行实验时，与其他3个实验组同时进行相同的实验，结果，马克·杰实验组获得了46个实验事例，比其他3个研究组所得到的事例之和的2倍还要多，从而在这场科学研究竞争中取得了胜利。

当然，以上这些事例都是在争取技术发明的专利权，其实，据丁肇中介绍："在科研领域，科技成果的质量也要竞争。"

同时，丁肇中还认为，竞争意识从学生时代就应具备。他曾告诫中学生说："希望同学们敢于竞争，同本班、本校的学生竞争，同全国、全世界的人们竞争。"

当一个科学家并不难，难就难在如何当好一名科学家，如何当一个成功的科学家，丁肇中的理解就是智力因素加非智力因素，两方面的成功才是真正的成功！

③

科学共同体时代

丁肇中所领导的科研项目一般都是国际性的，因此，参加丁肇中实验小组的科学家往往都是来自世界各地的，比如说美国、法国、英国、中国、日本等一些国家，因此，丁肇中的实验小组就成了一个"小联合国"，于是有人就戏称丁肇中为"小联合国秘书长"。对此，丁肇中有着自己的感受和理解。

他认为这是一个好现象，说明科学共同体时代已经到来。

所谓"科学共同体时代"是一个科学术语，是指一个科学研究的组织形式。据丁肇中介绍，在19世纪以前，科学研究的方式绝大多数是以科学家个体研究为主，或以个人为中心带领各个助手进行研究。例如，牛顿对万有引力的研究，法拉第对电磁感应的研究等，基本上是以个人为主进行科学研究的，这种组织形式无论对科学研究的速度，还是对及时地解决科研资料和设备均有一定的局限性。为了克服这些研究中的困难，科学组织形式逐渐从个人研究向集体研究的组织形式过渡。

而这种集体研究的组织形式就是最初的科学共同体。不过最早提出这个概念的是英国科学家、哲学家波拉尼，他是在一篇文章中提出的，当时是1942年，他借用社会学中的术语——"社区"，并且把它进一步抽象化。

丁肇中还介绍说，最初的科学共同体是科学家自由组成的。例如，罗马的"山猫学会"、德国的"柏林学会"、法国的"百科全书学派"等，都是这种模式，只不过随着科学技术的进一步发展，在20世纪出现了更先进的科学共同体，那就是国家规模的科学共同体，如美国的"曼哈顿工程"，丁肇中领导的L3实验、AMS实验。这种具有国家规模的科学共同体，其中的科研人员不一定集中在一个单位，往往是许多单位的科学家和技术人员共同参加，协作攻关。比如说丁肇中所领导的AMS实验，就包含来自美国、中国、俄罗斯、意大利、瑞士等10个国家和地区的37个研究机构的物理学家和工程师，光中国的科研机构就包括了中国高能物理研究所、电工研究所、空间中心和中国运载火箭技术研究所、北京卫星环境工程研究所、中国水利科学研究院等。

虽然科研人员来自不同的国家、不同的研究机构，但是他们有一个统一的目标——完成最初的实验计划。

在丁肇中加入高能物理学领域的时候，这种大规模的国家级的科学共同体时代已经到来，在他最初进入这个领域的时候，就在佩尔、琼斯、莱德曼等物理学家领导的实验组与其他研究者合作进行物理学研究，并善于从这些前辈身上学习各种经验，为以后他领导自己的实验组打下良好的基础。经过几十年的磨砺，丁肇中不仅仅成为一位伟大的实验物理学家，有很强的科学研究能力，而且已经成为一位出色的科学研究组织者和管理者。他的这两方面的素质，使他成为现代化科学界的光辉典范。

比如说丁肇中在20世纪60年代，于联邦德国电子同步加速器研究中心主持的验证量子电动力学的实验；1974年领导实验组发现"J"粒子；1979年，又领导一个包括中国物理学工作者在内的、由多国科学家组成的实验组发现了证明胶子存在的"三喷注现象"；20世纪80年代初开始在日内瓦欧洲核子研究中心领导L3实验组在佩特拉对撞机上进行高能物理实验，取得了一些重要的实验结果。

从20世纪90年代中期开始，丁肇中又开始主持与L3实验平行的、更大的国际合作实验项目——AMS升空实验。这个大型国际合作研究项目需要设计大型尖端的实验设备，不仅包含着深刻的科学思想，还需要复杂的技术工艺，可以说它的难度是和美国20世纪的曼哈顿工程和阿波罗登月计划差不多的，可是丁肇中硬是凭借着自己的统率能力圆满地完成了！

当然，要做到这样可不容易，不仅要有丰富的知识和能力，还要有领导实验组的能力。在同行们的眼中，丁肇中能把全世界优秀的科学家吸引到自己的身边，不仅仅因为他在学术研究上有开创性、奠基性的成就和威望，而且还因为他有独特的领导魅力。

了解丁肇中的人都说，丁肇中不仅具有实事求是、严谨治学、团结协作、公平竞争、献身科学、追求真理等科学家应具有的基本道德准则，而且在科学研究中克服了妄自菲薄的民族虚无主义和妄自尊大的狭隘民族主义，始终将爱国主义与国际主义统一起来。这其中的任意一点对于科学家来说都是难能可贵的，更何况是两点都具备呢？也正是因为丁肇中有着这样独特的领导魅力，所以他才能把越来越多优秀的科学家吸引到自己的实验组来。

在丁肇中组织L3实验的时候，曾经就有科学家给了这样一个评价："L3实验超越了政治和国界，总的通道是物理学。丁肇中教授处理问题的最高准则是从是否有利于物理学的发展出发，而不是从政治和其他方面考虑，他善于劝说政治家们来帮助高能物理的发展。由于他有很高的威望，他才能把这么多国家的科学家团结在一起，来共同完成这项极为复杂的、大规模的、全新的科学实验。"

对此，很多了解丁肇中的人都发表了自己的看法：

丁肇中的同学霍默·尼尔先生说："丁肇中是一个深刻的思想家，他对所研究的东西都有很高程度的分析、关注和投入。他在我们这个时代最广泛的一些研究中起了强有力的科学的、组织的领导作用。"

丁肇中的研究生、曾经参加马克·杰实验的玛丽安·怀特安士说："他（丁肇中）是一位极端有个性的组织者。虽然实验的规模很大，但他能掌握得很有条理。如果哪个细节有问题、组织工作跟不上、供应工作跟不上，他就抓紧时间解决。为了寻找新的物理现象，丁肇中在国际上组织并领导一个实验组，使每个人都了解自己工作的意义，以及可能得到什么结果。他用很清晰的物理想法把大家组织起来，然后去实现这个想法，他是一位永不满足已有成绩的杰出的物理学家。"

一位在丁肇中实验组工作多年的科学家说："做实验就仿佛打仗，知己知彼才能百战百胜，丁教授带领我们做实验，在我的印象中他就是个帅才，是一名大将。"

……

丁肇中就是这样一位具有帅才、将领素质的优秀科学家，他不仅在实验中严格要求自己，也同样严格要求自己的同事和下属，有时候甚至到苛刻的地步。但是人们并没有因为这个理由拒绝加入丁肇中的"小联合国"，而是为能加入其中感到自豪。

纵观丁肇中的一生，始终在为科学而奋斗，他对待科学的态度与科学研究的方法，值得一代代青年学习。

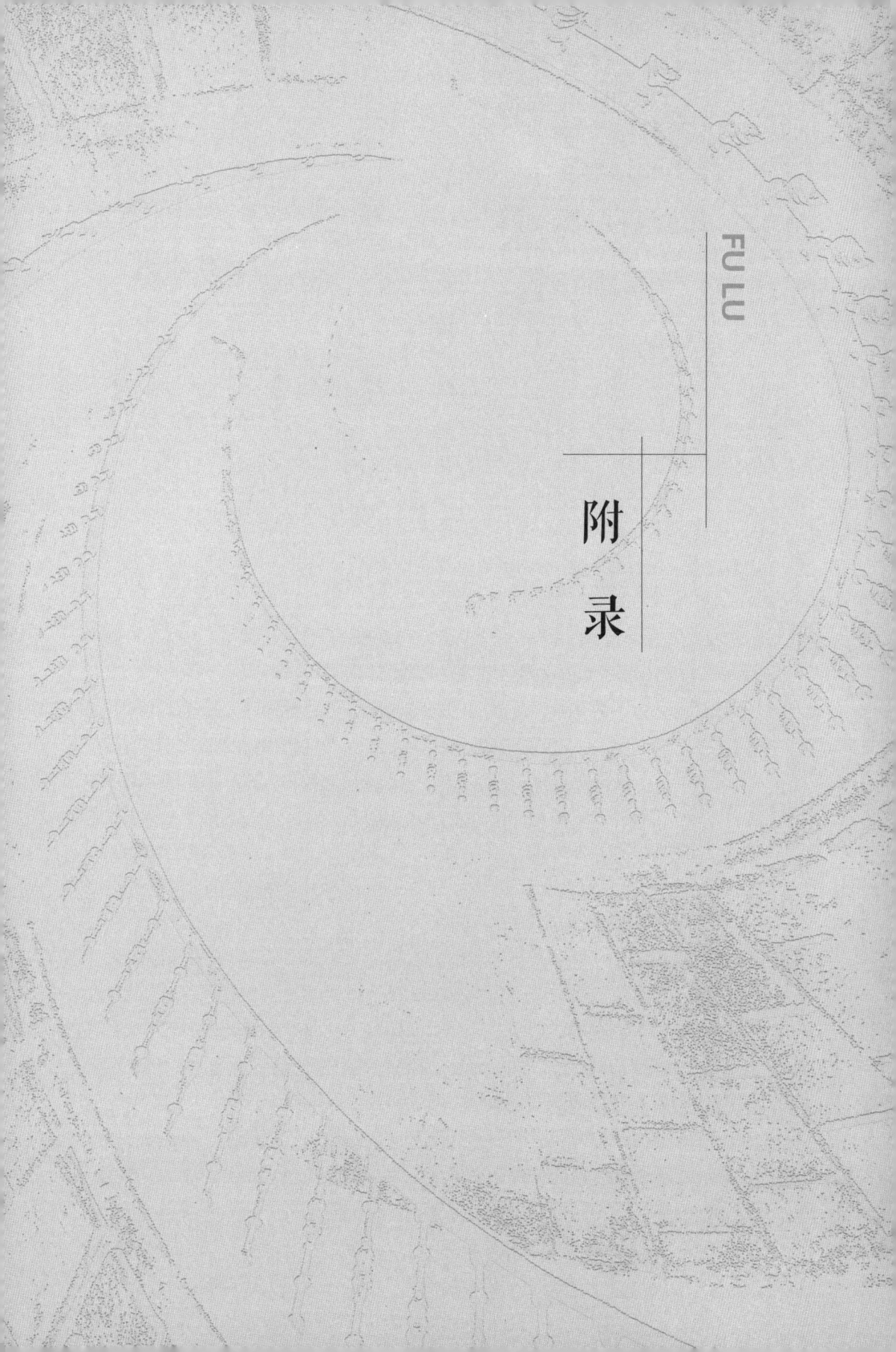

附 录

① 丁肇中年表

1936年1月27日 出生于美国密歇根州安阿伯镇，原籍是中国山东省日照市涛雒镇。

1936年4月初 母亲王隽英从美国密歇根州把婴儿丁肇中带回到中国。丁肇中的童年是在战火与逃难生活中度过的。连绵的战火，使他无法接受正规的小学教育。

1946年 进入山东省青岛市一家教会小学读书。

1948年 进入台中市大同小学读书。

1949年9月 考入台北市成功中学。

1950年9月 转学考入台北市建国中学。

1955年7月 台北市建国中学高中毕业。

1955年9月 被保送入台湾省立工学院读土木工程系。

1956年9月 赴美国密歇根大学工学院读书。

1957年夏 转学到密歇根大学物理系。

1959年夏末 从密歇根大学毕业，获得物理与数学双学士学位。

1959年秋 入密歇根大学研究院当研究生。

1960年4—6月 在加利福尼亚的伯亚利实验中心，跟随佩尔教授做一项 π 介子质子撞击的实验。

1960年夏末　获物理学硕士学位。

1962年　获得物理学哲学博士学位。

1963年　获福特基金会的支持，到瑞士日内瓦欧洲核子研究中心从事高能物理实验工作。

1964年　被美国哥伦比亚大学聘为物理学讲师。

1965年　到联邦德国汉堡电子同步加速器研究中心从事物理实验。

1967—1968年　任美国麻省理工学院物理系副教授。

1969年　被任命为美国麻省理工学院物理系教授。

1972年　在美国长岛布鲁克海文国家研究室主持实验小组，开始研究一种具有光子性质但质量较大的粒子——重光子。

1974年　丁肇中及其领导的实验组正式宣布发现了"J"粒子。

1975年　当选为美国艺术与科学院院士。

1976年　因发现"J"粒子荣膺诺贝尔物理学奖。同年，获美国政府颁发的劳伦斯奖。

1977年　当选为美国国家科学院院士。同年被任命为麻省理工学院首任卡伯特研究所物理学教授；获工程科学学会颁发的爱林根奖章。

1979年　在联邦德国汉堡电子同步加速器研究中心主持马克·杰实验组（有20多位中国科学工作者参加），首次发现三喷注现象，证实了胶子的存在。这对加深人类对物质微观结构的认识具有重大意义。

1982年2月　受聘为中国科学技术大学名誉教授。

1983年　在瑞士欧洲核子研究中心主持L3实验组（中国有高能物理研究所等3个单位参加合作）。

1985年　在日内瓦欧洲核子研究中心领导460多名高能物理学家和600位工程技术人员，开始进行大规模的L3实验。

1988年4月　获意大利颁发的最高科学荣誉奖章——德卡斯贝科学奖。丁肇中是第一位荣获此奖的非意大利科学家。

1989年7月　世界上能量最大的莱普对撞机开始在瑞士欧洲核子研究中心运行，由丁肇中领导的L3实验组设计研制的L3探测器也同时投入实验。至1991年，共收集到约50万个Z^0粒子特性的精确测量和中微子种类数的实验确定。他们的实验表明，在宇宙中只有3种带电轻子和3种中微子。

确定地回答了自然界中不存在第四种中微子，为物理学中这个重要问题画上了句号。

1992年5月　被南京大学聘为名誉教授。

1992年7月　被东南大学聘为名誉教授。

1993年12月　由丁肇中发起，邀请美国、中国、俄罗斯、法国、意大利、瑞士等10多个国家和地区的科学家组成一个国际合作研究组，称为阿尔法实验组（AMS），确定用磁谱仪进行空间探测反物质的实验。这是一个与L3实验组平行进行的国际合作科研项目。

1994年6月　当选为中国科学院首批外籍院士。

1994年10月　被山东大学聘为名誉教授。

1995年8月　被汕头大学聘为名誉教授。

1996年　获中国国际科学技术合作奖。

1998年6月2日　由丁肇中领导的AMS实验组设计研制的阿尔法磁谱仪，搭载美国发现号航天飞机成功升入太空，从而揭开了人类第一次把磁谱仪送入太空寻宇宙之谜的序幕。

1999年10月　被北京大学聘为名誉教授。

2000年10月　在人民大会堂做题为《探求自然界的基本构造》的学术报告。

2001年　被协和医科大学聘为名誉教授。

2002年6月　被日照职业技术学院聘为名誉院长。

2003年10月　被武汉大学和华中科技大学聘为名誉教授。

2005年6月　被山东曲阜师范大学聘为名誉校长；被中国海洋大学授予"客座教授"称号。

② 怀 念

◎丁肇中

父亲去世了。

父亲突然而又安详地去了。

去年8月我第一次感到不祥的兆头。我在由新加坡到汉城的旅途中，飞机中途停在台北机场，我给父亲打了个电话，得悉他已经不能说话了。去年年底，他的情况已很严重了，医生对他的病已经做了结论。4星期前，我去看望了他，推着轮椅陪他在台湾大学医院做最后一次的放射性治疗，他行动已经很困难了，然而他仍然很平静和安详，庄严地等待着即将发生的事情。

他为我的小儿子取了一个中国名字，还请我的继母为我的小儿子特地刻了一颗名章。他非常艰难地亲自给我妻子、他的孙儿孙女，以及他在北京的姐妹们写了信。1月19日当我向他告别时，他为我写了一首中文诗，鼓励我不要满足于已经做过的一切，而要继续不断地前进。他紧紧地握着我的手。他一点也不为自己担忧，但是我十分悲伤，我觉得我要永远地失去他了。

父亲的一生，即使在他最后的日子里，他总是能泰然地处置他个人的事情，并且能始终清晰地理解和理智地分析一切事物。

对父亲的回忆，最早可追溯到我5岁的时候，那是1941年12月8日，珍珠港事件发生的日子。那时我们全家都在重庆，当时，每天的大部分时间是在防空洞中度过的。那天父亲告诉我，以后日本的轰炸会越来越少，我们的日子也会慢慢地好过些。

我7岁的时候，父亲带我去参观重庆的一个工业展览。展览上的那些新机器和工具对我有很大的吸引力。那时父亲是重庆大学的教授，母亲是四川师范大学的教授。这一年我大部分时间是待在家里，父亲常常向我讲述19世纪及20世纪的一些伟大科学家，如法拉第、牛顿、麦克斯韦、爱因斯坦、希尔伯特和冯·卡门的故事。他们的成就以及父亲谈起他们时的神态给我留下了很深的印象。可能正由于童年时的这些印象，使我立志要成为一名科学家。

从父亲那儿，我开始知道了"原子"这个名词。那是在1945年8月轰炸广岛以后，他向我讲解了什么叫原子，以及它的应用在世界历史中的含义。

1946年至1947年期间，我单独和父亲一起住在青岛。父亲在山东大学当教授，并为联合国救济总署工作。父亲把我送至由德国修女办的一所非常严格的天主教学校去上学。因为在战争年代，我从来没有受过教育，另外，我原来对学校也没有什么兴趣，所以在这所天主教学校中，我的学习遇到了很大困难。非常值得感激的是，我的父母从来不管束我，而总是激励我开发自己的兴趣，他们不像许多中国父母那样强求他们子女在学校中得到好分数。

我非常留恋和父亲在山东度过的那一年的生活。在那里我见到了我的祖母和丁氏家族中的许多成员。父亲常常带我去看京剧和电影，却从来不强迫我念书。

由于内战和社会动乱，1947年和1948年在中国的生活是很困难的。我记得，当我们从我家的第一台收音机中听到济南解放时，父亲很感慨地谈到，国民党很快就会失去中国了！在那些日子里，我和弟弟都得了重病。父母果断地花费了他们的全部积蓄购买了当时刚刚出现的新药——盘尼西林。如果他们不那样做，或许我们就不能幸存下来。

1948年以后，我们到了台湾。父亲开始在台湾省立工学院教书，后来执教于台湾大学。在那时我开始接受了正规化的教育。

在我的少年时代性格形成期间，那时台湾的政治制度是很僵硬的，新闻是被严格控制的，没有言论自由。那时我对当局组织的一些学生活动很有兴趣。然而，父亲却明显地对当时台湾实施的一些政策持有不同观点。我在高中学习期间，父亲继续和我讨论关于牛顿、麦克斯韦、冯·卡门及其他科学家的生平，以及他们的伟大贡献。他给我一本关于法拉第生平的书，这本书对我产生了非常深刻的影响。我在密歇根大学工学院念书期间，父亲来看过我几次，送给了我几本朗道等人写的量子电动力学和现代物理方面的书。读这些书，对没有受过物理训练的人来说是相当困难的。

在1957年的圣诞节假期中，我将它们读了一遍，书中清晰明了的物理学思想和数学表达给我留下了非常深刻的印象。

在母亲生命的最后几年里，父亲到了美国和她生活在一起。母亲的病以及她的去世，明显地对父亲产生了很大影响。他决定回到台湾而不留在美国继续工作。

1960年，我决定从事实验物理学的工作，而不像当时一些成绩优秀的中国学生那样选择工程或理论物理方面的工作。我进入了一个中国人几乎不涉足的领域，进入了一个对父亲来说也很生疏的领域。或许我的决定曾使父亲感到惊讶或失望，但他确实从未流露出这种感情。

然而，当我开始发表文章的时候，父亲也开始对我的工作表现出越来越大的兴趣，还向我要文章的油印本。过去的30年间，我的研究工作以及实验结果的意义，成了我和父亲谈话的主题。父亲愉快地接受了瑞典皇家科学院的邀请，出席了1976年诺贝尔奖的授奖仪典。他也感到十分荣幸地作为邓小平的客人在1989年10月访问了北京，正是这次访问使他见到了阔别40年的老朋友和姐妹。

由于我参与的实验越来越复杂，工作占用了我越来越多的时间，很少有机会和父亲见面。然而，每次我们会面，他总是对我的工作表示出强烈的兴趣。

父亲是一个非常有才智的人，他的记忆力极好，有很强的分析能力。而最突出的是，他总是——即使在他最后的日子里，也非常安详和平静。他对我的最大影响是：在我少年时代就引导我认识了伟大的科学家们的工作和成就，对我所做的一切总是给予很大的支持，因而，应该说，他是我的启蒙老师。

（原载于1991年4月8日《瞭望》周刊海外版。本文荣获"情系中华"征文特别荣誉奖）

参考文献

［1］陈和生. 阿尔法磁谱仪［J］. 现代物理知识，1999，011（001）：3-6.

［2］丁肇中. 探求自然界的基本构造［J］. 科学新闻，2000.

［3］丁肇中. 在探索中：一个物理学家的体验［J］. 青年科学家，1982，（1）.

［4］丁肇中. 怀念［J］. 瞭望，1991，（14）.

［5］吕一铭，薛兴国. 丁肇中的昨天与今天［M］. 台北：联合报社，1976.

［6］郭奕玲，沈慧君. 诺贝尔物理学奖［M］. 北京：高等教育出版社，1999.

［7］卢延国. 根在日照［N］. 日照日报，2005-06-21.

［8］唐孝威. 三喷注的发现［M］. //《中国百科年鉴》部. 中国百科年鉴. 北京：中国大百科全书出版社，1980.

［9］唐孝威. 粒子物理目前正在进行的几个重要实验［J］. 科学通报，1983，（5）.

［10］唐孝威. 王淦昌和中微子［J］. 百科知识，1983，（9）.

［11］唐孝威. 西欧"莱泼"计划［J］. 自然，1984，（3）.

［12］唐孝威. 张文裕和多丝火花计数器［J］. 百科知识，1984，（3）.

［13］唐孝威．正负电子对撞实验［M］．北京：人民教育出版社，1985．

［14］唐孝威．莱泼实验进展［J］．自然，1990，（6）．

［15］唐孝威，吕雨生．探索宇宙反物质的对话［J］．世界科技研究与发展，1998，20（6）．

［16］张洪波，刘国林．丁肇中携妻儿寻根［N］．齐鲁晚报，2005-06-19．

［17］《中国大百科全书·物理学卷》编委会．中国大百科全书·物理学卷［M］．北京：中国大百科全书出版社，1987．

［18］周金品．丁肇中与胶子［J］．科苑，1984，（2）．

［19］周金品．中华之声响彻在斯德哥尔摩授奖大厅［J］．博览群书，1985，（7）．

［20］周金品．丁肇中的新成就［J］．中华儿女海外版，1998，（7）．

［21］周金品，孙开远．亚核子实验大师丁肇中［J］．科学时代，1981，（6）．

［22］周金品，晓明．通向J粒子的道路［M］．武汉：湖北科学技术出版社，1988．

［23］周金品，晓明．丁肇中的成功之路［M］．台北：华一书局，1990．

［24］物理评论快报，1967，18（2）．

［25］物理评论快报，1996，144（4）．

［26］江才健．大师访谈录［M］．台北：牛顿出版股份有限公司，1987．

［27］《世界科学》编译组．世界科学翻译丛：第一辑［M］．上海：上海科学技术出版社，1978．

［28］《神州学人》杂志社．足迹：杨振宁、李政道、丁肇中、李远哲成功之路［M］．北京：北京语言学院出版社，1989．

［29］顾近男．丁肇中教授谈科学实验［N］．人民日报，1979-10-07．

［30］丁肇中．物理上没有不变的定律［J］．青年参考，1987，（4）．